幸せダイエット

こころと身体をこわさない

KAJI AKIYO
加地明代

幻冬舎 MC

こころと身体をこわさない

幸せ
ダイエット

はじめに

たくさんの本がある中、この本を手に取っていただきありがとうございます。

この本を手に取ってくれたあなたはどんな人ですか？

何かしら不調のある人ですか？

ダイエットに挫折続きの人ですか？

身長１６０cm以上あるけど、40kg台になりたい人ですか？

最初に謝っておきます。

この本は、すでにいろいろな知識、情報をお持ちの方に向けては書いていません。ざっくりなところがあります。

ご病気の治療中という方に向けても書いていません。

栄養って聞くけど何？　と感じているような人に向けて書いています。

私のお話は、地味です。

5日で10kg痩せる方法など知りません。

せいぜい、1ヶ月で2kgとか、そのレベルです。

かつて私が管理栄養士をしていた頃は、痩せるためにカロリー計算がとても大事！　という時代でした。今も大事なことには間違いないのですが、他にも大事なことがあります。体調が良くない人が病院にきて、病院へ行かない人は元気なんだと思っていました。でも実際は、病気の人より病気じゃないけど、元気でもない、という人の方が圧倒的に多いです。管理栄養士が関わるのは病院にいる病気の人だけではありません。老人施設などにも関わります。学校にも関わります。

管理栄養士として栄養やカロリーなど献立を立てて美味しくなるように気持ちをこめて作っても、むし歯で食べれない、好き嫌いが多い、入れ歯があわない、歳をとって歯が抜けた、入れ歯なんか作っていないなどと言って食べてくれない人がいて、それでは意味がないとモヤモヤすることがありました。生きる基本は食べることだから。

私は、今、歯科医師をしています。

毎日、毎日、人のお口の中を診ています。

治療してもしても、むし歯になる人がいます。

むし歯＝甘いものをやめる、というイメージでしょうか？

歯科医師も、「甘いもの、控えてね」みたいなお話をします。でも、待って。

甘いものを控えてね、ではなく、甘いものをやめられない理由があるはずなんです。それを改善しないままでは、むし歯の予防は、〝甘いものを我慢すること〟、になります。我慢は続きません。

そういう目でお口の中を診るようにすると、何個もあるいは、いつもどこかに、口内炎ができている人がいます。

食いしばり、歯ぎしりで歯がすり減ってしまってる人がいます。

真面目に歯磨きをしているのに、どうしても着色してしまう人がいます。

真面目に歯磨きをしているのに、歯茎からの出血がある人がいます。

治療中、お口の中の唾液、少ないなーと思う人がいます。

治療前、ただ口の中の状態、痛みのある歯の状態を診るだけのときでさえ、恐怖心でいっぱいの人がいます。

さらに観察してみると、何となく疲れていたり、声をかけても、こころここにあらずだったり、ソワソワしていたり、イライラしていたり。

試しに聞いてみました。「朝ごはん食べました？」。朝ごはんは食べない（時間がなくて食べられなかった、ではないですよ）、あるいはコーヒーだけ、野菜ジュースだけ、プロテインドリンクだけ。じゃあお昼はといえば、時間がなくて食べられないとか、おにぎりだけ、お菓子だけ、など、基本、食べてない人が多い。あるいは、イラっとしながら「食べてます」と短く答える人もいます。

歯科クリニックで「朝ごはん食べた？」なんて、「治療に何の関係があるの？」って思ったのかな。そんな人は多分、〝食べた物で身体が作られていること〟や〝歯もお口の中も身体の一部であること〟や〝食べ物をちゃんと食べ、消化するためには、お口の中の状態が大切なこと〟に意識がいっていないのかもしれません。

むし歯やなくなった歯を補ったりする治療を行ったら、それで終わりではありません。

いろいろと考えることが出てきました。

そもそも食べていないのか、食べているけれど偏っているのか。栄養不足、カロリー不足は、身体が必要とするエネルギーが供給されず低血糖の原因となり、低血糖は自律神経を乱す原因となります。自律神経が乱れると、唾液が出ない、消化酵素も出ない、食べても消化吸収できません。

そこで、管理栄養士の私と歯科医師の私が、日々脳内会議を行うようになりました。

歯学部の授業に栄養学はありません。

医学部の授業にも栄養学はありません。

でも、法律的に、栄養不足があると診断していいのは、医師と歯科医師だけなんです。

それなら、歯科から見えた栄養の話を伝えればいいんじゃないかと。

ダイエットを意識していない人でも、しっかり食べているのかと思うぐらい痩せている人がたくさんいるのに、世の中は、やったことがないなんてありえないと言わんばかりのダイエットブーム。多様性とか、ルッキズムはいけないとか言いながら、痩せていること、痩せすぎていることが評価され、食べない方向へ、あるいは変な食べ方へと導かれています。

ところで、あなたは毎日

「疲れが取れない」

「イライラする」

「肩こりがひどい」

「便秘ぎみ」

「肌荒れ」

「すぐ疲れる」

「頭痛薬が手放せない」

「何もしたくない、やる気が出ない」など、その不調も日によって変化していませんか？　こういう揺らぐ不調を不定愁訴といいます。

不定愁訴、思い当たる原因はありますか？

急に身長が伸びたときだったり、

急に忙しくなったときだったり、

生理周期の前後だったり、

友達関係（人間関係）に何か変化があったときだったり、
頑張ってダイエットをしたときだったり。
そしてこの不定愁訴を訴えると、他の人から
「気持ちが弱い」
「気にし過ぎ」
「サボりたいだけ」
とバッサリやられることもあります。自分でもそうなのかなって思ったりもします。

日常的に起こる不調は、身体の栄養的需要と供給のズレで起こる栄養の偏りや、長期間の慢性的な栄養不足などによる血糖値の乱れや、自律神経の乱れが原因となります。


世の中は魅力的な情報でいっぱいです。

「短期間で◯キロダイエット」

「運動はいらない」

「デトックスで痩せる」

「糖質制限」

「ファスティング」など。

短期間で効果が出ると言っているし、誰でも達成できるようなそそるキラッキラな言葉が添えられているし。でも、痩せたあとリバウンドしないのか、キープできるのか、体調はどうなるのかについて書かれているものを見たことがありません。そもそも痩せるところまでが目的だから、痩せるという結果が出ればいいわけです。誰かが成功しているのでしょうから、否定はしません。でも誰かが成功した方法であなたも成功するとは言い切れません。痩せることができたら発信者のおかげ。痩せなかったら、あなたのせいです。そんな情報の中から、「健康被害がなく」「自分に合った」方法を選ぶことは、非常に難しいことです。

人の成功例（ネットの成功例は本当かどうかも怪しい）を真似るのではなく、ちょっと自分を眺めてみませんか。

ダイエット専門的医療機関でも、成功率はだいたい2〜3割といわれています。私たちよりはるかに知識があり、いろいろな治療ができる専門的医療機関であっても、です。

ところが、7割の患者を成功に導いている医療機関があります。その医療機関の〝特別な〟方法は、「体重日記をつける」です。どんなときに自分は食べ過ぎてしまうのか？　何を食べたときに体重が増加したのか？　どんな気分で何を食べたのか？　天気はどうだった？　汗をかいた？　運動した？　だれと食べた？　など、こまめに記録して見ていくことで、自分に気づく、自分で自分を理解することができます。これにより驚異の7割成功という結果になっています。これは、単に体重の変化を見ているのではないですね、自分の行動や癖の記録、日記です。人と比べるのではありません。食べ過ぎているものがあればそれを減らしてみる、運動不足だったら運動をしてみる。そこには厳しい食事制限も運動も求められてはいません。

自分の身体は、自分が食べて、消化して、代謝して、吸収することでできています。自分が食べたものからしかできません。そして、それは毎日の積み重ね、1週間や2週間の短期間にできるものでもありません（逆に不健康は、短期間で仕上げることができます）。

自分の身体とは死ぬまで一緒です。元気になる、キレイになる。ダイエットを成功させるには、毎日毎日、自分のこころと身体をちゃんと見てあげること、自分のこころと身体の変化に気づくこと、究極の自分ラブなんです。


痩せたい理由はなんですか？

元気になりたい理由はなんですか？

その先にやりたいことや、チャレンジしたいことがあるからではないですか？


イメージしてみてください。

「アメリカに行きます」

と言われたら、こう返しませんか？

「何しに〜？」

するとこう返ってきます。

「語学留学」

アメリカに行くのが目的ではなく、語学留学が目的です。

痩せることや、元気になることが目的ではありません。

何かをしたいから痩せたいし、元気になりたいのではないですか？

食事はあまりにも身近にあり、当たり前過ぎるので、自分の身体に及ぼす影響に無頓着になっているのかもしれません。

当たり前だからこそ「何をどのように食べるか」、この選択力が必要となってきます。

どんなシャンプーを使うか、どんなお化粧品をどう使うか、どんな洋服をどう着るか、どれも自分を元気にする自分ラブ。

どんな食べ物をどう食べるのか、食事を整えることも同じです。この選択力があなたの欲しい未来にあなたを連れて行ってくれます。

目次

第1章

お口を覗くと
身体の栄養状態が見えてきます

お口も身体の一部だよ

毎日、人のお口の中を診ていると、不思議に思うことがあります。同じように歯を抜いたのに、傷がすぐ良くなる人となかなか良くならない人、被せ物がすぐに取れてしまう人。一生懸命クリニックに通い全てのむし歯を治したのに、2巡目に入っていく人。真面目に歯磨きを行っているのに歯茎からの出血が多い人。

私が治療してるのだから、技術的に同じことをしている。なぜ、治療後に違いが出てくるのか？

歯科医師になった頃、治療といえばむし歯を見逃さない→削る→詰める→完了。抜歯後に治りにくいのは、たまたまだよね、そんなこともあるよね、と考えていました。他の先生に伺っても、そのうち治るよと。

むし歯を繰り返す、被せ物や詰め物が外れる、抜歯の傷が治りにくい、出血が多い、原因ははどこにある？

歯茎からの出血も抜歯の傷でも、炎症（赤くなったり腫れたりして痛みを伴う症状）時、炭水化物やタンパク質が不足すると、白血球機能が低下して、炎症が長引く。また炎症が治り骨や粘膜が作られるとき、タンパク質や亜鉛、銅、ビタミンAやビタミンCが不足すると、線維芽細胞の機能低下やコラーゲンの合成機能の低下で傷の治りが悪いということにつながる。まとめると炭水化物やタンパク質、亜鉛、銅、ビタミンAやビタミンCが不足すると、炎症が収まらず、痛い時間が長くなり、傷の治りが悪くなってしまうということ。これは口腔内でも、身体の他のところでも同じです。口腔内と同じように身体中に粘膜も骨もあります。こんなふうに栄養の話を歯科でするると、「は?」となる人も多いです。

しかし、歯もお口も身体の一部ですよね。あなたは食べ物をどこで食べていますか？　お口以外のところから食べるという人はいますか？　お口から食べて、食道を通り、胃へと流れていきます。ここからもお口は身体の一部なんだということがわかります。身体は食べたものを消化して代謝して吸収して、初めて身体の中で栄養となります。歯も歯茎（歯肉）も、歯を支える骨も唾液も、食べたものからできています。歯茎はコラーゲンが約70%を占めています。身体の骨の枠組みもコラーゲンです。立派なコラーゲンを作るためには、タンパク質や鉄、ビタミンCが必要です。骨といえばカルシウム、と聞くことが多いですが、まずはコラーゲンで枠組み、枠組みができた骨を強くするために、ビタミンDやビタミンK、カルシウムやマグネシウムが必要です。建物を建てるとき、いきなりセメントを流したりしませんよね。鉄筋なり木造なりの枠組みを作ってからセメントを流しますね。身体も同じ、まず枠組みです。

残念ながらむし歯は治らない

歯科クリニックに行くというと、最初にイメージするのはむし歯の治療ではないでしょうか？　むし歯は削って詰めると「治った」といいますが、実はむし歯は治ることがありません。歯には再生する能力がないからです。一旦、削らなくてはならないほどのむし歯になると、治るということはないのです。むし歯の治療は、骨より硬いといわれているエナメル質（お口の中で、歯として見えている部分）が茹で栗（食べ物に例えてすみません。色も柔らかさもそっくりなんです）くらい柔らかくなっているので、それを除去します。そして、なくなってしまったところを人工物で補います。歯の成分とは全く関係のない金属やプラスチックでできた人工物を、詰めたり被せたりして歯としての機能を回復させます。その人工物、歯にいかにすき間なくつけるかが今後を左右する大事な所なのですが、目で見てすき間がなくても、顕微鏡レベルではすき間があります。そのすき間は、細菌にとっては、大通りのようなもの。念入りに手入れをしないとそのすき間からむし歯になります。人工物は細菌の出す酸で溶けませんが人工物の下にある歯は酸で溶けます。人工物の下ですき間が広がり、見えないところでさらに大きくなります。すき間が大きくなればそのすき間に入りこんだ磨き残しも細菌も増え、細菌が増えれば細菌の出す酸も増えてしまうことが想像できますね。また、プラスチックや金属の人工物は、劣化します。噛むことで、骨ほど硬いといわれるエナメル質と、プラスチックや金属が擦り合わされます。人工物がすり減ったり、歪んだりします。すると、人工物と歯の間のすき間が大きくなります。さらにお口の中の環境は過酷です。お口の中には、手では触ることができないような熱々のスープや揚げ立ての天ぷらも、入ってきます。冷たいアイスも入ってきます。甘いもの、酸っぱいもの、いろいろ入ってきます。人工物と歯の間にあるセメントも劣化してしまいます。そして、すき間ができます。これらが治療したはずの歯（治ったと思った歯）が痛み出してしまう理由です。

むし歯の治療といっても、その程度にもよりますが、削る一択ではありませんが、すでに穴が空いてしまっているなら、しっかり噛める機能を回復させるために削って詰めたり被せたりすることになります。

ところで、リピートレストレーションサイクルって聞いたことがありますか？

●歯を削ってプラスチックを詰める

⬇（平均約5年後）もう少し大きく削って金属を詰める、被せる

⬇（平均約6年後）神経を取る
⬇（平均約7年後）抜歯

これは、歯を削って詰めてから平均約18年で抜歯になることを示しています。だから、歯はなるべく削らない方がいい。歯が白くなった程度（脱灰）ならお手入れ次第で再石灰化が望めます。再石灰化を望むなら、唾液が立派であることも大事です。唾液中のミネラルが歯の表面の細かい傷を修復してくれるからです。唾液の質によっては、この修復が期待できません。話はそれますが、歯に着色しやすい人は、歯の表面の細かい傷の修復がきれいに行われず、その傷に着色しているのではと考えられます。話を戻します。脱灰の段階であれば丁寧に歯磨きケアをしてあげることで、進行を止めたり、ゆっくりにすることができます。残念ながらむし歯が進行してしまい、削らないといけない状況になったとしても、削らなくてもいい状況から数年引き延ばすことができます。歯を一旦削ると、リピートレストレーションサイクルに乗ってしまいます。乗ってしまうと、平均約18年後には抜歯になってしまうかも……。削る、まだ削らないでいいという判断を、自分や、まわりの人ではなかなかつけることができません。いろいろな検査に基づいて判断され、またその判断は先生によって多少違ってきます。すぐ削られたからといって、それは悪いわけではなく削る治療が必要だったからです。

むし歯の餌《えさ》をコントロールするだけでは……

むし歯の状態から噛める状態に機能回復したからと言って、なんでも食べていいわけではありません。何を食べるとむし歯になりやすいのか？　なぜむし歯になってしまったのか？　むし歯になった原因を考えないことには、むし歯をくり返すサイクルを止めることができません。原因を考えて、むし歯にならないように行動することが必要です。毎日丁寧な歯磨きをする、メンテナンスでお口の中の細菌を減らすことは、大事なことです。しかし残念ながら、それだけでは予防することができません。〝甘いものがむし歯の原因です〟という話を聞いたことがあると思います。

もし、あなたがすでに、何本かの歯に詰め物や被せ物をしているなら、それはすでにむし歯菌がお口の中にいるということ。むし歯を進行させないために、新たにむし歯を作らないために、むし歯の餌である糖を控える必要があります。糖質って、クッキーやケーキ、チョコレートやあめ玉〝甘いものだけ〟ではありません。甘くはないポテトチップスなども例外ではありません。ポテトチップスの原料はジャガイモ、ジャガイモは炭水化物、立派な糖質です。もちろん、ポテトチップスのような炭水化物とチョコレートやケーキなどの甘い食品とを比較すると、影響の度合いは違います。チョコレートなど甘い食品に含まれるシンプルな糖質のほうが直接的に細菌に利用されやすく、より早く酸を生成します。丁寧な歯磨きをしても、お口の中からむし歯菌をゼロにすることはできません（今、詰め物、被せ物が入っていない人でも、むし歯菌ゼロの人を探す方が難しい）。

むし歯菌は糖質を餌に酸を出し、歯を溶かします。お口の中に糖質がたくさんあると、酸をたくさん出して歯ブラシの届かないところにむし歯を作ったり、むし歯を進行させたりしてしまいます。歯の間にできた小さなむし歯の穴（普通は見えない）や、歯の表面に入ったヒビ、歯茎の中、詰め物や被せ物と歯のすき間部分などは歯ブラシが届きません。歯ブラシが届かない所は、むし歯菌にとって楽園です。そんなむし歯菌の増殖を防ぐのも唾液です。唾液に含まれるリゾチームやラクトフェリンなどには抗菌作用があります。歯ブラシが届かなくても、立派な唾液があればこころ強いです。

穴は空いていないし、見た目にはむし歯ではないのに、「甘いものを食べると歯がしみる」という体験をしたことはないでしょうか？　歯の表面はエナメル小柱という結晶で覆われています。エナメル小柱は筒状で、歯の内側から表面にむかって並んでいて歯の硬さや強度に関与し、噛み合せの力に耐える役割を果たしています。酸や細菌の影響から歯を保護する役割もあります。そのエナメル小柱の中を内側から歯の表面に向かって組織液が出ているのですが、甘いものを口の中に含むことによって浸透圧が変化して、表面から内側に逆流してしまい、歯の神経にダメージを与えてしまい、しみるという症状が起きます。そのとき、むし歯菌も一緒に入ってしまうと、むし歯が内側からできてしまいます。一旦削ってしまうと、エナメル小柱は短くなります。神経にダメージを与えやすくなることがイメージできると思います。歯磨きしているだけではむし歯の進行を止めることはできません。何を食べるのかを考える必要もありますが、少なくとも、むし歯の餌になる糖のコントロールが必要です。

歯の石灰化にもむし歯対策にも重要な働きをするのが唾液です。唾液は血液から直接作られるわけではありません。しかしリッチな唾液を作るためには、血液が重要な役割を果たしています。唾液は唾液腺で作られますが、唾液腺は血液から水分や栄養素、ミネラルなどを取り込んで唾液を生成します。唾液の主成分は水で、その他にも酵素（リゾチームなど）、ミネラル（カルシウム、リン、フッ素など）、抗菌物質（ラクトフェリンなど）、その他のタンパク質が含まれています。これらの唾液成分の効果を最大限に発揮するためには、全身の栄養状態を良好に保つことが重要です。魚、肉、野菜など、栄養バランスの取れた食事は、血液の質を整え、唾液の質に直接影響を与えるといえます。バランスの取れた食事や十分な水分摂取が、良好な栄養状態がリッチな唾液を作ります。

素敵な年齢不詳女子になりたい

主食を食べない、食べてもちょっぴり。でもお腹が空くから、お菓子やクッキー、チョコなどをつまんでいないでしょうか？　お菓子や菓子パンでお腹を満たしてはいないでしょうか？　カロリーを減らし痩せたとしても、むし歯になりやすく、削っては詰める、削っては被せるを繰り返し、リピートレストレーションサイクルに乗る。20代でその状態になったとしたら、平均18年後は40代、サイクルの最終段階になり、歯が数本ない状態に。栄養状態も悪い、血流も悪いとなると、40代になる頃には歯周病も進んで、順次歯が抜けて入れ歯になる。歯をきれいに健康に保つということは、何でも美味しく食べられるという機能に関係するだけではありません。外見にも影響を与えます。

奥歯を失うと、頬がコケます。奥歯がないことで、顔が上下に縮むのでほうれい線もくっきりします。外から高い高いクリームで時間をかけてマッサージをしたりヒアルロン酸でドーピングするより、奥歯を失わないことの方が効果があります。口周りがシワシワにならないように、前歯を失わないことも大切です。「意外に若かったね。もっと（年齢が）いってると思った」と陰口を言われるか、年齢不詳で「え、見えな～い！」と若さを保つ秘訣を聞かれるかの分かれ道です。それが40代で訪れるかもしれません。もちろん、歯は28本キラ～ンとしているうえで、高い高いクリームでマッサージ、エステに通うのであれば、なお、年齢不詳ですね。

歯周病細菌が出す毒素は血流にのって身体中をめぐり、身体中の細胞を傷つけて、お顔も身体も早く老けさせてしまいます。いつまでもシュッとした年齢不詳を目指すなら自分を大事にする自分ラブでいきましょう。そのためには、糖のコントロール（痩せるための糖質制限ではありません）を行う、食べ物に気をつける、磨けないところや磨き残しなどに気をつけてお口の中のリセットのために定期的に歯科医院でメンテナンスを行う、ということが大事になってきます。

定期的にメンテナンスを行うためには、計画性が必要になります。計画性がある人は時間管理ができるということです。時間管理ができるということは、やるべきこと、それにかかる時間、方法がわかっているということ。これは、自己管理ができることにつながります。自己管理は体重管理にもつながりますね。高い高いクリームも、マッサージも、エステも土台がしっかりあってこそ、ほしい効果を発揮してくれます。口腔内を管理することは、年齢不詳女子につながっていきます。

自覚がない歯ぎしり、食いしばり

診療していると、歯ぎしり、食いしばりの患者さんをたくさん見かけますが、睡眠中に起こっていることが多いので、あまり自覚症状がない人が多いようです。また、これらが結構大変なことだという認識もあまりないようです。

むし歯がなければ、というか、よっぽど歯が痛くなければ、歯科クリニックに行かない、という人がほとんどだと思います。そのため、私が診ている以上に、歯ぎしり、食いしばりをしている人はもっと多いと考えます。

歯ぎしり、食いしばりが行われているという状況証拠には、

- 舌の縁に歯の跡がついている
- 歯肉が下がってきた
- 歯と歯茎の境目がえぐれてる
- むし歯はなさそうなのに歯がしみる
- 下の歯の舌側にボコボコしたものがある
- 上顎の真ん中あたりにボコっとしたものがある
- 起きたときに、顎が疲れている
- 口の中の頬粘膜に一本ラインができている（クレンチングマーク）
- 寝ても疲れが取れない
- 歯茎の辺縁がロール状に厚くなっている（フェストゥーン）

などがあります。

歯ぎしり、食いしばりの何が大変なのか？　わかりやすいところでは、歯にヒビが入りやすくなることが挙げられます。大きなヒビが入ると、歯が欠けたり、ひどいときには割れて抜歯になったりすることもあります。そのヒビからむし歯菌が歯の中に入ってしまうと、むし歯になってしまいます。

歯の表面はレンガが積み重なったようになっていますが、歯ぎしりや食いしばることで強い力がかかると、歯がたわみます。すると、歯茎に近いところのレンガが弾け飛びます。そこをゴシゴシと歯磨きを繰り返すことで、歯がむし歯でもないのにしみやすくなります。前にお話しした、エナメル小柱が短くなるからです。噛み合わせのところがすり減ってくると、こちらも歯がしみやすくなります。歯の表面を覆うエナメル質がすり減り、その下の象牙質が露出すると、知覚過敏の症状が出やすくなります。刺激を受けやすくなった象牙質から神経に炎症を起こしてしまった場合は、神経を取る治療が必要になることもあります。

すり減りがさらに進むと、噛み合わせのところが平坦になり、噛む能力が落ちます。また、食いしばりや歯ぎしりの癖で噛み方が一定でなくなります。しっかり咀嚼できなくなると、消化にも悪影響が出ます。すり減り方によっては、歯が尖ってしまい、舌や頬の粘膜を傷つけることもあります。また、被せ物や詰め物が取れやすくなります。

被せ物や詰め物はセメントでつけられています。口の中には常に唾液が巡って湿度があります。熱い、冷たい、甘い、酸っぱいなどの食べ物が入ってきて、温度もpHも変化する、とても過酷な環境です。さらに歯ぎしりや食いしばりで揺さぶられ続けると、セメントは耐えられません。歯ぎしりや食いしばりで寝ている間にかかる力は、１００kgとも体重の倍以上ともいわれます。その力、自分で意識して出すことはむずかしいことです。

歯ぎしり、食いしばりは交感神経の緊張が原因

歯ぎしりや食いしばりで歯科クリニックに行くと、改善のためにマウスピースを勧められます。しかし、マウスピースでは、歯のすり減りを改善できても、歯ぎしり、食いしばり自体は改善しません。どこに行くにもマウスピースが荷物の一つになります。それは、地震などの震災で逃げるときも例外ではありません。家が揺れて壊れそう、家が濁流で流れそうになり急いで逃げたいのに、マウスピースを取りにいく自分を想像してみてください。命の危機がせまるときそんなことやってられないですよね。マウスピースを日常的に使っている人は、マウスピースがないと避難所のような日常ではない所では、なお寝られないですね。たくさんの人が避難所に集まり、自分もみんなも気持ちがざわつき、ただでさえ恐怖で寝られない中、なんとかやっと眠れたのに、あなたの歯ぎしりの音でまわり

の人が起こされる。これ、絶対、不満材料になります。大きな災害はいつ起るかわかりません。気持ちよく（?）避難するためにも、歯ぎしり食いしばりは治しておいた方がいい。

歯ぎしり食いしばりを起こす理由はいろいろありますが、多くの人に当てはまるのは交感神経の緊張です。交感神経が緊張するとアドレナリンが放出されます。学校や職場でイライラしたり、心配や不安が解消されなかったり、寝る前に見たSNSで不安になったり、キャッハー！と興奮したりすると、夜間にアドレナリンが放出されます。また、夕食から次の日の朝まではかなり時間があるため、夜間に低血糖になると、その改善のためにアドレナリンが放出されます。また、寝る直前まで、お菓子を食べたり、甘いジュースなど糖度の高いものを飲んだりすると、高血糖解消のために、慌ててたくさんのインスリンが放出され、急激に血糖値が下がります。お酒をたくさん飲むと肝臓は、まず、お酒の処理をし、糖の処理はその次になるので血糖値が下がります。すると、今度は血糖値を上げるためにアドレナリンが出ます。アドレナリンは筋肉の緊張や神経の興奮を引き起こし、歯ぎしりや食いしばりをすることになります。アドレナリンの放出は不安定な睡眠や浅い睡眠につながり、歯ぎしりを促進することがあります。むし歯のところでもお話ししましたが、歯ぎしり食いしばりにも血糖コントロールが必要です。

歯ぎしり、食いしばりの多くは睡眠中に起こっていると書きましたが、起きているときにも食いしばりをしていることがあります。コーチなどのまわりの大人が、「ここは負けられない、歯を食いしばって頑張って突破しよう」と応援します。でも一方で、「リラックスして頑張って」とか「リラックスして楽しんで」という応援もあります。

どっちが存分に力を発揮できるでしょうか?

メジャーリーガーはよくガムをかんでいます。オリンピック選手も競技の前に大きな雄叫びをあげたりします。食いしばっていてはガムは噛めないし、声も出せません。食いしばると、身体に無駄な力が入ります。食いしばっていては、最高のパフォーマンスはできません。

食いしばっているとき、上下の奥歯は接触しています。舌が、下の歯列の中(低位舌といいます)にあると、上下の奥歯が接触します。舌が上顎にピッタリ接しているとき、上下の奥歯は接触しません。つまり食いしばりはできません。自分の舌の位置がわからないという人は、舌の周りを見てみてください。フリルのように歯の型がついていないでしょうか？　ついていると、低位舌の可能性大！です。解剖生理学の教科書には、舌の正しい位置として、舌全体が上顎にぺたっと接し、上下の歯は接触しない、と書いてあります。お口の中なんて狭い空間、舌の位置が正しい、正しくないなんて意識しないですよね。舌の位置は歯並びにも影響を与えます。低い位置に舌があると上顎の内側に力がかからないから、頬や唇の外側の力だけがかかるようになります。その影響で、上顎の歯列が、狭くなったり、V字型になったり、口蓋が高いままになったりします。下顎の歯並びは上顎の歯並びに合わせるようになるので、上顎歯列が狭いと下顎歯列も狭くなります。口蓋が高いままだと、鼻腔が狭くなります。鼻腔は呼吸時の空気の通り道です。鼻腔が狭いと通気性が落ち、鼻呼吸が難しくなり、口呼吸になってしまいます。口呼吸をすると、風邪やインフルエンザ、コロナなどに感染しやすくなります。舌が上顎にピタッとくっついてしっかり鼻呼吸ができる状態では、呼吸時に空気中にいるウイルスや細菌を取り込みにくくなり、感染予防につながります。重力もあり意識しないと低位舌になりやすい。意識して舌を上げ、お口周り、顎周りの筋肉を持ち上げる筋トレが必要です。筋トレといっても、腹筋を鍛えるなどの大変さはありません。まずは、上顎に舌をつけることを意識してみてください。舌でターンっと音を鳴らしたり、舌の先で上顎を舐めることから始めて、舌の先だけでなく、上顎につける舌の範囲をだんだん増やしたり、あいうべ体操をしたりと、とにかく舌を大きく動かしてみてください。舌周りの筋肉を鍛えることで、お顔や首もリフトアップ効果、二重顎、ダルダル首の予防にもなります。ここでも年齢不詳、素敵女子につながりますね。

唾液《つば》はすごいよ

脱灰レベルの歯が修復されるのは、唾液の働きによるものです、とお話ししました。

では唾液とはどんなものでしょう？

私たちの口の中を清潔に保ったり保湿したり、舌を滑らかに動かしたり、炭水化物を消化したり、入ってきた細菌と対抗してくれたり、味覚を感じさせてくれたりと、とても重要な役割があります。天津飯、食べたことはありますか？　最初はとろりとしているのに、だんだん、シャビシャビになってきます。天津飯はスプーンやレンゲでたべますね。何口か口に運んでいる間に、スプーンやレンゲに唾液がついて、その唾液は何度もとろりとした餡につきます。とろりとした餡は唾液に〝消化〟されてシャビシャビになります。また、唾液のすごさは抜歯した時にもわかります。歯は歯槽骨という骨に支えられています。抜歯をすると、骨が口の中に丸見え状態なんです。骨が露出しているにもかかわらず、だいたいは特別なことはせずとも（喫煙はだめです）、1週間もすれば痛みは消えてきます。歯槽骨を削ったり、歯肉を切開しても、抗生剤、痛み止めを服用するくらいで、多少長引きますが痛みは消えてきます。腕の骨が外に露出するような開放骨折をしたときには、抗生剤、痛み止めなどといっている場合ではなく、秒で入院、手術になります。

唾液は大唾液腺と小唾液腺から産生されます。

大唾液腺は耳下腺、顎下腺、舌下腺の3つ。耳下腺は耳の前方下部に、顎下腺は顎の下に、舌下腺は舌の下にあります。

小唾液腺は、大唾液腺よりも小さく、口蓋、舌、唇、歯茎など口腔内のさまざまな場所にあります。1日あたり、だいたい1・0〜1・5L分泌されています。いつも同じように分泌されているわけでなく、寝ている間の分泌はとても少なくなります。そのため、本来の唾液の働きが低下し、口の中の細菌が繁殖し、朝起きたときに口臭があったり、口の中がネバつくといったことがおこります。こうしたことからも、寝る前の歯磨きは、1日の歯磨きの中で特に大切です。唾液の分泌量は加齢や疲れ、ストレス、薬などの副作用によって減ってしまうことがあります。

唾液の分泌は自律神経によって調整されています。リラックスしているときは副交感神経が優位になり、唾液がたくさん分泌され、いろいろな役割を果たします。しかし、ストレス状態にあるときや興奮状態にあるときには、交感神経優位となり、唾液の分泌が抑えられてしまいます。試験前、大事なプレゼンの前、大好きな人に告白するときなど、お口の中がカラカラになる経験をしたことがあると思います。

食物の消化にはたくさん唾液が必要です。緊張した状態での食事やイライラしながらの食事では、唾液の分泌が抑えられるため、消化に影響を与えます。楽しい気分で美味しく食事することが大切です。

唾液の成分と働き

◆アミラーゼ

炭水化物を分解し、食物中のでんぷんを糖に変える働き。嚥下した食物を胃に適した形に変化させます。

◆ムチンやアルブミン

水分の保持　乾燥を防ぐ　食物を飲み込みしやすくする。

◆電解質

ナトリウム、カリウム、カルシウムなどの電解質が含まれ、歯を強化。

◆スタテリン

カルシウムとリンの溶解度を調節して歯の再石灰化の促進。歯の表面に吸着しプラークや細菌の付着を防ぎ歯を保護。唾液中のタンパク質と相互作用して流動性を保つ。

◆リゾチーム

細胞壁を分解して細菌に抵抗、他の抗菌成分、免疫細胞と協力し細菌に対する身体の防御を強化。

◆IgA

呼吸器系や消化器系など粘膜表面を覆うバリア機能。これにより病原体が体内に侵入することを防ぐ。口腔内フローラのバランスの維持。不必要な免疫反応を防ぐことで過剰な炎症を抑える。

◆ラクトペルオキシターゼ
歯周病やむし歯など口腔内疾患の予防　細菌の増殖とバイオフィルムの形成を抑制。細胞に有害な酸化ストレスを減少させる効果あり。
◆ラクトフェリン
細菌が成長増殖するために必要な鉄と結合して細菌の成長抑制、真菌の成長抑制、ウイルスに対して感染予防、免疫応答に対するサイトカインの放出を調整して炎症反応を緩和。
◆ガスチン
主に胃壁から分泌されるものだが、唾液の中にも少し含まれ、胃酸の分泌を促進するなど消化活動への準備を行う。食べ物を良く噛むことによって、唾液分泌が促され唾液に含まれるガスチンが消化管に送られることで消化系の準備を支援。
◆水
唾液の大部分が水分であり、口腔内が湿潤に保たれ、話す、飲み込み、味成分を溶かす。

唾液がしっかり出ればダイエットだってできる

加齢や疲れ、ストレス、薬などの副作用で唾液の分泌量が少なくなってしまうと、以下のような症状が起こりやすくなります。

- 唇が乾燥したり喉が渇いたりする
- 唇や口の中、頬の内側に炎症が起こり、痛みが生じる
- 口の中の粘膜が傷つきやすくなる
- むし歯や歯周病の細菌が増えやすくなる
- 滑舌が悪くなる
- 歯の汚れが流されず、口臭がしたり、唾液がネバネバする
- 食べ物が飲み込みにくくなったり、味覚障害が起こったりする

右記以外に、最近では咀嚼（もぐもぐすること）の様子も問題。

加工食品が増え、軟食傾向になったため、咀嚼力（お口の中でしっかり噛んでもぐもぐすることができるか）、咀嚼回数（もぐもぐする回数）が減り、ほぼ噛まないため唾液の分泌が少なくなり、唾液と食べ物がこねこねされずに食べ物が胃に送られ、胃酸、消化酵素との接触が低下。そのため食べていても栄養の吸収が十分行えなくなり、必要な栄養素が不足し、体内で代謝がスムーズに行えなくなっています。これにより体内のエネルギー消費が減少し、基礎代謝量が低下傾向になっているらしい。

咀嚼力、咀嚼回数を回復すると唾液量が増え、基礎代謝量を上げることができる。そして食事誘発性熱産生が期待できる。食事をすると身体が暖かくなったり、汗が出たりしますね。それです。厚生労働省eヘルスネットによると、食事誘発性熱産生とは、食事の消化、吸収、代謝に必要なエネルギーで、食後に体内のエネルギー消費が一時的に増加する現象で、一般に全エネルギー消費の約10％を占め、摂取した栄養素の種類（たんぱく質は炭水化物や脂肪よりも食事誘発性熱産生が高い）によっても影響を受ける。

総エネルギー消費量（24時間相当）は、大きく基礎代謝量（約60％）・食事誘発性熱産生（約10％）・身体活動量（約30％）の3つで構成され、基礎代謝量は体格に依存し、食事誘発性熱産生は食事摂取量に依存し、総エネルギー消費量が多いか少ないかは、身体活動量によって決まるとされています。

基礎代謝と食事誘発性熱産生量が活動時代謝量の2倍以上エネルギーを消費するなら、楽しい気分でしっかり噛んで（一口30回以上）唾液をしっかり出せるような食事をするだけで、かなりのダイエットになると考えらます。この方法を使わないのはもったいない。筋肉をつけて基礎代謝を上げる、という話もありますが、しっかり噛むだけで代謝を上げられるなら、しっかり噛むに越したことはないですよね。

好きなものを食べたい

この本を読んだあと、何を食べたいですか？

焼肉？　トンカツ？　お寿司？　ラーメン？

焼肉は、歯が悪かったり歯がなかったりするとかめません。トンカツの衣はカラッと揚がっているので、口の中の粘膜が弱いと切れてしまうかもしれません。お寿司の海苔、入れ歯では噛めませんし、入れ歯にくっつきます。海苔が噛めないということは、おにぎりも難しいです。ラーメンは入れ歯でも歯が数本なくても食べることができます。噛まなくてもいいですもんね。チャーシューやメンマは、残っている歯の数によっては無理ですね。

気がつきましたか？　歯がなかったり入れ歯だったりすると、「これが食べたい」ではなく、「どれなら食べられる？」になってしまいます。今、あたりまえに食べることができるものも食べられなくなります。選択肢がかたよってしまうのです。選択肢がかたよるということは、栄養がかたよるということです。

この本を読んでいる人たちは、まだまだ若くて、〝歯がなくなる〟ということにピンとこないかもしれません。でも、歯がなくなりそうになったときに慌てても、もうどうしようもないことがほとんどです。若い今のうちから、歯を大事にすることを意識しておくといいと思います。欧米では「歯を1本失うことは、指を1本失うことに等しい」と言われています。大人になれば、歯磨きが自然とうまくなるわけではありません。また、治療が必要なむし歯になってしまうと、もう、その歯を失うカウントダウンが始まってしまいます。小さいときからの意識が大事です。歯の生え始めは、まだ柔らかくて、むし歯になりやすい状態です。だいたい3年くらいかけて、歯は硬く（石灰化といいます）なっていきます。

たけのこと竹をイメージしてください。たけのこは柔らかいですが竹は硬くなりますね、その時期にむし歯を作らないことは、その先の人生で歯で困らないためのベースとなります。

では、質問

①歯磨きはなぜ大事ですか？

②磨き残し（食べかす）と歯垢（プラーク）の違いはなんでしょう？

台所の排水口。細かな生ゴミが残ったりします。気がつくとヌルヌルとした感じになりますね。そこに水をかけると、生ゴミは流れていきますが、ヌルヌルは残ります。残ったヌルヌルをスポンジで擦ると取ることができます。この細かな生ゴミが、磨き残し（食べかす）、ヌルヌルが歯垢（プラーク）、スポンジが歯ブラシ。

歯垢（プラーク）は、歯の表面に黄白色の粘着性の何種類もの細菌が集まったものです。少しサボってしまうと、細菌が塊となり、フィルム状になります。これをバイオフィルムといいます。これは、歯磨きでは落とせません。バイオフィルムはかなり強固に付着しているため、物理的に破壊する必要があります。抗生剤も届きません。それを取り除くには、歯科医院で機械を使用して除去します。食事をしない日はないので、毎日の丁寧な歯磨きと、定期的な歯科でのメンテナンスが必要といわれるのはこのためなんです。

第2章

あなたは健康ですか

病気と健康の間にあること

そもそも健康って何ですか？

広辞苑には、「健康とは、病気にかかっておらず健やかな状態」と書かれています。

この「病気にかかっておらず」ってどういうことでしょう？

生理痛がある、これ、病気ですか？

たまに頭痛がする、これ、病気ですか？

便秘、これ、病気ですか？

疲れやすい、これ、病気ですか？

生理痛や頭痛、便秘、疲れやすいなど、ちょっとした不調は普段の会話によく登場しますが、病気というほどでもない、市販の薬でも治るし、病院に行くほど困ってもいない……、学校や仕事に行くこともできる。そもそも病気と思っていないというか、健康って判断しているというか、そんな感じかと思います。

学校や、会社、病院での健康診断で「異常なし」という結果だったら、「自分は健康」って判断しますよね。

でも、これ、本当に健康ですか？「異常なし」は「健康」とイコール？

本当に健康なら、生理痛も、頭痛も、便秘も、疲れやすいもないはずでは？

「病気ではない」ことと、「健康（健やか）」は同じ意味ではないということです。

多くの人は、健康は当たり前に手に入り、特別な知識も努力も必要ではないと思っている、あるいは、病気は自分ではない誰かがなるもので、そんなことを意識したことさえないのかもしれません。

とはいうものの、あなたは一生、元気で過ごす自信がありますか？と聞かれて、自信満々に「自分は一生元気で過ごし、お星様になる」と言い切れますか？　言い切れないのはなぜですか？　歳を取れば病気になるのは仕方のないことだから？

若い人が若いという理由で、健康について考えなくていいわけではありません。だって、若くても、生理痛や頭痛、すぐ疲れる、朝起きられない、寝たのに疲れが取れないなど、いろいろなプチ不調、感じることがあるでしょ？

そして、こんなプチ不調の訴えは、男性よりも女性に多いです。なぜでしょうか？　女性と男性では身体のつくりが違います。女性と男性の違いといえば、まず、生理です。生理は毎月出血があるだけでなく、生理の前後で身体は大きく変化しています。生理前症候群なんて男性にはありません。筋肉量も違います。女性のような男性もいますが、一般的に男性の方が女性より筋肉があり、女性の方が筋肉がつきにくく、落ちやすい。出産も男性にはないことです。

女性は男性に比べて、「筋肉も血液も失われやすい」ことがわかると思います。でも、男性より女性の方が、ダイエットをやっている人、やったことがある人が多いですよね。

最近はやりのお手軽なダイエットや健康法は、朝ごはんの置き換えだったり、糖質制限だったり、1日1食しか食べなかったりと、カロリーに制限をかけるものがほとんどです。カロリーを制限することは、身体に入ってくる栄養素も制限をかけることになります。

そもそも女性は「筋肉も少なく、血液も失われやすい」のに、そもそも何となくあるプチ不調は栄養不足の慢性化で起こるのに、そこにカロリーに制限をかけ、入ってくる栄養に制限をかけるとどうなるでしょう?

未来の健康美人をつくるのは今!

一般的に、身体は20歳を超えると老化していくといわれています。

若い人の健康不調は、何も対策をしなければ自然と治るのではなく、歳を取ればもっと不調になるということです。

「未来の健康」は「今の健康」の積み重ねです。今、健康だからといって、将来健康不調が出てこないとも言い切れません。若い頃、私は大人になれば、自然と色気のある美しい文字が書けるようになると思っていました。そのため、努力も練習もしていませんでした。大人になった今、私の書く文字に色気はありません。美しくもありません。大人の世界を垣間見せてくれた、あのゾクゾクする色気のある美しい文字を書いた当時の大人は、教養として、お作法として、美しい文字を書く練習をされていたようです。今を積み重ねて未来ができます。今の不健康を積み重ねてしまったら……、大変大変、元気が見えてこない。

食べなかったらどうなる?

車を動かすにはガソリンや電気が必要であるように、お買い物をするためにはお金が必要であるように、人が生きていくためにはエネルギーが必要です。

P60［図A］を見て下さい。人のエネルギー（ATP）は3種類の栄養素からしか作れません。その3種類は糖質、タンパク質、脂質。これらは消化・吸収されて、身体が利用できる小さい単位、糖質はグルコースに、タンパク質はアミノ酸に、脂質は脂肪酸とグリセロール（日本薬局方名はグリセリン）に分解されます。

これらの分解された成分は、身体の細胞内にある「ミトコンドリア」という、エネルギー工場に運ばれます。このエネルギー工場でATPという、起きている時も寝ている時も行われる体内活動に必要なエネルギーを作ります。身体は、37兆個の細胞でできていると言われていますが、ミトコンドリアはこの37兆個のほとんどの細胞に存在しています。

グルコースは、細胞内でミトコンドリアに行く前に、解糖系というグルコースからピルビン酸を作る過程でもATPを作ります。この過程は酸素がない状態でATPを作ることができます。短距離走や重い物を持ち上げる瞬間など息を止めて瞬間的に力を出します。そのような酸素のない状態でもATPが作れるので、なくてはならない過程です。血糖値とは、血液中にどれだけグルコースが含まれているか、という濃度を示しています。

解糖系でグルコースからピルビン酸となり、さらに「アセチルCoA」となってミトコンドリアの中へと入ります。アミノ酸も脂肪酸も「アセチルＣｏＡ」に変換され、ミトコンドリアの中へ入ります。そう、糖質もタンパク質も脂肪もみんな「アセチルＣｏＡ」になります。そして、アセチルＣｏＡは「クエン酸回路」という一連の化学反応を始めます。クエン酸回路という過程から作り出すＡＴＰは解糖系で作られるＡＴＰよりも圧倒的に多く（18倍）作られます。この過程には酸素が必要です。

　クエン酸回路で行われる化学反応では、アセチルＣｏＡから始まって、さまざまな化合物が変換され、最終的にはCO_2とH_2Oになります。この一連の反応を通じて、エネルギーがＡＴＰの形で細胞に供給されます。これが、私たちが食べ物からエネルギーを得る、言い換えれば、37兆個の細胞が細胞内にあるミトコンドリアからエネルギーを得て私たちが生きているということになります。

　クエン酸回路でアセチルＣｏＡはエネルギー生成に全部使われるの？って思いませんか？

　クエン酸回路でつかわれなくてももちゃんと用途があります。無駄がありません。エネルギー生成に使わなかったアセチルＣｏＡはミトコンドリアからでて細胞内で脂肪酸やコレステロール、ケトン体を作るという経路があります。ダイエットする人にめちゃめちゃ嫌われる中性脂肪は、余ったグルコースが肝臓に貯金されたものです。グルコースを貯金するために、細胞質で作られた脂肪酸とグルコースからグリセロールに変換されて、脂肪酸とグリセロールがくっついた形にして、貯金します。寝ている間は食べ物を食べることができないので、この貯金から、グリセロールを取り出し肝臓で、グルコースにもどして、血糖値を保っています。

アセチルCoAからコレステロールをつくるにはかなりのATPが必要となります。

アセチルCoAからコレステロールに至る経路の途中ではコエンザイムQ10や、ビタミンDが作られます。もちろん、ビタミンDをつくるには紫外線が必要です。

コレステロールは胆汁酸や性ホルモンの原料になります。

つまり、エネルギー合成に使われなかったアセチルCoAはミトコンドリアから細胞質にでて、細胞内でいろいろな働きをして、コレステロールの生成、エネルギーの生成、骨の健康（ビタミンD）、消化（胆汁酸）、さらには生殖（性ホル

[図A]

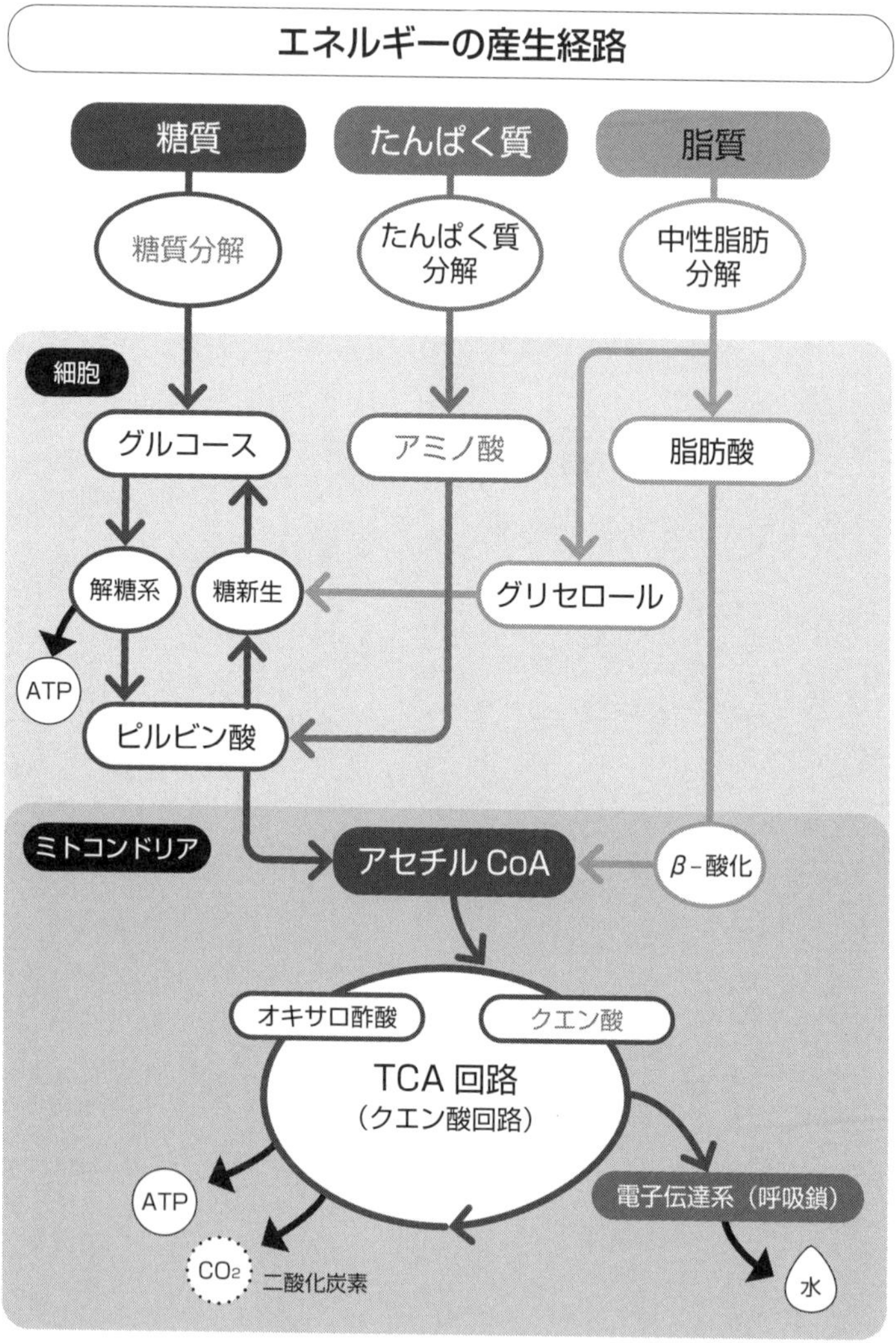

糖質、脂質、たんぱく質は、分解される過程でエネルギー分子 ATP を産生します。ATP を産生するのは、解糖系と TCA 回路です。

モン）といった、生命を維持する基本的な機能を支える原料へと変化します。私たちの身体のなかではさまざまな化学反応が、複雑に組み合わされて行われ、私たちが意識して行わなくても、行われるようになっています。そして、このすべての過程にはATPが必要で、計画的なエネルギー管理（ATPの使用）が必要です。細胞の中で化学反応が円滑に行えるようにするために私たちが行うことは、バランスを考えてしっかり食べる、これだけです。

身体にはエネルギーを使う順番があります。

1．食べた糖質

一番早くエネルギーになるのは食事から摂取した糖質。血糖値が上昇すると、インスリンが分泌され、グルコースが細胞内に取り込まれてエネルギーとして使われます。

2. 肝臓と筋肉に蓄えられたグリコーゲン

細胞内に取り込まれたグルコースは、まずエネルギー産生のために利用され余ったグルコースは、肝臓や筋肉でグリコーゲンとして蓄えられます。身体がエネルギーを必要とすると、肝臓と筋肉に蓄えられているグリコーゲンが分解されてグルコースに変換され、エネルギーとして使用されます。筋肉が運動するときにつかわれるのが筋グリコーゲン、血糖値を維持したり、脳や赤血球など身体全体のエネルギーとなるのが肝グリコーゲン。

3. 脂肪の分解

筋肉や肝臓でグリコーゲンとして蓄えきれなかったグリコーゲンは肝臓で中性脂肪として蓄えられ、筋肉や肝臓のグリコーゲンの備蓄でまかないきれなくなると、身体は肝臓にある中性脂肪を分解して、脂肪酸とグリセロールに分離します。脂肪酸は、ミトコンドリアに取り込まれ、β-酸化という過程で分解され、アセチルＣｏＡを生成します。アセチルＣｏＡはさらにクエン酸回路で処理され、大量のＡＴＰ（エネルギー）を生成します。この過程で生成されるケトン体もエネルギー源として使用されることがあります。

4. 糖新生

長期の断食や激しい運動が続くと、身体は糖新生のプロセスを通じて、糖質ではないもの（例えば、アミノ酸やグリセロール）から新たにグルコースを生成します。これは、血糖レベルの維持、脳や赤血球のように脂肪酸をエネルギー源として利用できない組織のために重要です。

通常は右記のような順番でエネルギーが使われますが、この順番は身体のエネルギー要求や食事の状態によって変化する可能性があります。たとえば、激しい運動をすると、筋肉に蓄えられたグリコーゲンが迅速に使われることがあります。また、長時間断食や炭水化物の摂取を制限した食事をしていると、脂肪酸の分解や糖新生がより活発になることがあります。

グルコースをつかってATPをつくるより脂肪酸を代謝して（β-酸化）して

アセチルCoAを作る方が、より多くのアセチルCoAを作ることができます。それは、それぞれ持っている炭素の数が違うからです。

グルコースからアセチルCoAを作るとき、グルコース（$C_6H_{12}O_6$）は解糖系を経て最終的に2分子のピルビン酸（各3炭素）に分解されます。ピルビン酸はさらにミトコンドリア内でアセチルCoA（各2炭素）に変換されるため、グルコース1分子からは合計2分子のアセチルCoAが生成されます。一方、脂肪酸の一つであるパルミチン酸を例とすると、パルミチン酸（$C_{16}H_{32}O_2$）はβ-酸化過程で2炭素ごとに切断され、それぞれがアセチルCoAに変換されます。その結果、パルミチン酸1分子からは合計8分子のアセチルCoAが生成されます。

アセチルCoAがたくさん生成されるということは、結果的にはATPをたくさん生成できます。脂肪酸のβ-酸化は、特にエネルギーが長期間にわたって必要とされる状況（例えば、長時間断食時）で重要なエネルギー源となります。そのため脂肪酸のエネルギー密度は高く、脂肪が豊富な食べ物は少量でも多くのカロリーを含み、体内で効率的にエネルギーを蓄える手段として利用されます。それなら、グルコースは必要ないように思えますが、生化学の分野では「脂肪は炭水化物（グルコース）が燃えるもとで燃える」という格言があります。糖の解糖系と脂肪酸のβ酸化は協調して行われ、解糖系とクエン酸回路が適切に機能している状態で脂肪酸の代謝が促進され、エネルギー生成が効率的に行われます。このため、炭水化物と脂肪はエネルギー生成のために互いに依存しあってると言えます。

長期にわたる断食や厳しいカロリー制限が行われると、ケトン体が過剰に生成されることがあり、これが血液を酸性に傾ける可能性があります。これはケトアシドーシスと呼ばれる状態で、吐き気や嘔吐、疲労感などの症状が引き起こされることがあります。短期の断食やカロリー制限では、健康な人であれば、適度なケトーシス状態になる可能性はあるものの、適切に管理された状態で行われれば、一般的には安全です。しかし、長期間の極端なダイエットや特定の健康状態においては、医療専門家の監督のもとで行うことが重要です。

何事も、極端にやりすぎることは健康を害します。身体の中はいろいろな経路が複雑に、そしてうまい具合に組み合わされ、依存して成り立っています。なくてもいい経路なんていう経路はありません。なくていい経路なら、最初から存在していません。

極端はだめですが、適正な体脂肪のために、食事や運動で体脂肪を下げることはいいこと。理想値は21％〜29％。下げ過ぎは危険です。

体脂肪が17％を切ると、排卵や生理が停止する可能性が高くなるそうです。アスリート女子は身体を軽く、動きやすくということから体脂肪を下げることを求められ、それに必死で応えるあまり生理が止まってしまったという話をよく耳にします。生理が煩わしいからといって、止まってしまうことをラッキーだと思う？　頑張ってる証拠になる？

アスリート女子は、競技人生が終わっても人生が終わるわけではない。競技人生ステージが終わっただけで、競技で得た素晴らしい経験をその後の人生で生かしていく、次のステージがある。多くのアスリートにとって、次のステージの方が実は長い。競技人生ステージが終わったあとに出産などの人生イベントが待っている。生理が止まるということは、子宮や卵巣機能が低下し、将来的に子供を持つことができなくなったり、生理によって排出される血液が子宮内膜に停滞してしまい、痛みや炎症が起こったり、がんになるリスクが上がったりする。また20代の場合、体脂肪が20％を切ると卵巣年齢が高くなる原因になるともいわれています。「卵巣年齢が高い」とはどういうことかというと、生理的な年齢よりも卵巣の機能や卵子の質・量が低下している状況を指し、生殖機能が低いことを意味し、不妊のリスクが高まると考えられています。また「早期閉経」の可能性が上がるということです。平均的な閉経年齢は50歳前後と言われていますが、それよりも早くに閉経を迎える可能性があるということ。閉経が近くなると、女性ホルモンも低下してきます。

女性ホルモン、主にエストロゲンとプロゲステロンは、女性の身体の多くの重要な機能を調節する化学物質です。これらのホルモンは、女性の性的健康、生殖機能、さらには全体的な健康に影響をあたえます。

エストロゲンの働きは

- 女性の二次性徴（例：乳房の発達、体毛の成長）を促進
- 月経周期の調節、排卵の促進
- 骨密度を高め、骨粗鬆症のリスクを減らす
- 悪玉コレステロール（ＬＤＬ）の減少と善玉コレステロール（ＨＤＬ）の増加を促し、心臓病のリスクを下げる
- 体脂肪の分布に影響を与えるという点で、内臓脂肪の蓄積を防ぐ効果がある

エストロゲンは、脂肪が主に下半身や臀部（皮下脂肪）に蓄積する傾向を強め、これは、特に女性の体型が男性と異なる「洋ナシ型」になる一因とされています。一方、心血管疾患や2型糖尿病などのリスクがある内臓脂肪（お腹周りに蓄積する脂肪）の蓄積を抑制する働きがあると考えられています。

一方、プロゲステロンの働きは

- 基礎代謝の維持
- 月経周期の後半で子宮内膜を維持し、受精卵が着床しやすい環境を作る
- 妊娠中、子宮が落ち着いて胎児が成長する環境を保つ
- 妊娠中の乳腺の発達を促し、授乳に必要な乳汁の生成を準備

などがあります。

女性ホルモンは月経周期の調節、妊娠の準備、そして心血管系や骨の健康など、身体のさまざまな部分に影響を及ぼします。女性の妊娠や身体の健康を支え、女性の全体的な幸福にとって不可欠です。

女性ホルモンが低下するということは、子宮、卵巣の機能低下、骨粗鬆症、肥満、動脈硬化など、なりたくもない生活習慣病のリスクが上がり、身体の健康的な若さが保ちにくくなるということ。更年期障害は閉経前後に現れる症状ですが、早期閉経となると、若くして更年期障害の症状が現れることもあります。もうわかりますね、生理が止まったらだめなんです。ラッキーではないんです。50歳前後になると、自然と閉経はやってくる。それは、その年齢になれば閉経する方が身体にとって都合がいいことがあるから。閉経は女性ホルモンの減少によって、

いろいろな症状の発現などをもたらす可能性があります。悪いところばかりが声高に言われますが、これは自然な過程であり、個人の健康状態や生活スタイルによって影響は異なってきます。わざわざ無理して早くから更年期障害状態や閉経状態を作る必要はない。

女性ホルモンが減少すると、骨粗鬆症のリスクが上がるというお話をしました。骨粗鬆症まで行かなくても骨密度が低くなっていく傾向があります。では一番最初に骨密度が下がるのはどこだと思います？　足や腰ではないですよ。足や腰の骨は大きいですから。骨密度低下の影響が真っ先に出てくるのは、顔といわれています。顔の骨は薄かったり、小さかったり、もともと骨密度が低いので、影響が出やすい。骨密度が低下して、顔の骨と皮膚の間にすき間ができるとシワの原因になります。下顎の骨密度が低下すると、骨格の変化が皮膚や軟組織に影響を及ぼし、ほうれい線やマリオネットラインが出るなど、老け顔になります。無理なダイエットをすると、体脂肪だけでなく女性ホルモンまで減少させてしまいます。痩せたはいいけど、同年代の誰より老け顔ってどうですか？

食べなかったら本当にやせれる？

体脂肪を落とすには、脂質をエネルギーにする回路が効率良く回せるかが問題。これにはかなりのエネルギーが必要になります。脂肪からエネルギーを作るためには、糖質からのエネルギーが必要ということは先に書いた通りです。脂質をエネルギーに変えるには時間もエネルギーも必要です。また遺伝的に、この回路を回すことが苦手な人もいます。

そんなとき身体はどうするか？　タンパク質をエネルギーに回そうとします。ここでいうタンパク質は食べたものではなく筋肉。タンパク質は身体に蓄えておけないので、毎日摂取が必要です。タンパク質が身体に入ってこないと、身体は筋肉を分解してアミノ酸とブドウ糖に変えて供給、そして次のようなことが起こります。

筋肉量が減る
⬇基礎代謝が落ちる
⬇太りやすい身体になる
⬇食べる量をもっと減らす
⬇もっと代謝が落ちる
⬇筋肉量がもっと落ちる（グリコーゲンを蓄える筋肉が減る）
⬇少しのジュースや菓子パンでも血中に糖質が余る
⬇インスリンがドバッと出る
⬇脂肪が増える
⬇太る

インスリンが血中の糖分を下げるホルモンということを知っている人も多いと思います。では血中の糖分はどこに行くのでしょうか？

身体の細胞の表面にはインスリン受容体があり、インスリンがこの受容体にくっつくことで、細胞は血液中のブドウ糖を細胞内に取り込み、エネルギーを作ります。イメージでいうと、インスリンは細胞表面のピンポンを押して「糖がきました、開ーけーてー」、GLUT4※さんが細胞内からやってきて細胞膜のドアを開け、糖を細胞の中に入れるという感じ。またインスリンはグルコースの脂肪酸への変換を促す酵素の活性化にも関与しています。つまりインスリンは、血糖値の管理と脂肪の合成と蓄積という働きをします。食事を我慢して我慢して我慢できずに食べてしまったとき、よく噛まず早食いをしてしまったときなど、急激に血糖値（血液中のブドウ糖の濃度）が上昇すると、インスリンが過剰に分泌され、身体が脂肪を溜め込みやすくなってしまうということが起きます。だから朝ごはんを抜く、あるいは、バナナだけ、ヨーグルトだけなど我慢してお昼ご飯を食べ過ぎる、お腹が空いているからとよく噛まずに飲み込むなどすれば、同じカロリーを摂取したとしても太りやすくなります。インスリンは糖質から合成された脂質を脂肪組織（皮下脂肪）に貯蓄して、いざというとき（絶食時）のエネルギー源としたり、身体を守るクッションにしたりします。（↑脂肪が溜まることが悪いのではなく、本来身体にとっては素晴らしい機能なんです）。我慢しまくったあげく結局太る……。何を頑張っていたのか……。これは自己評価を下げることにも

※GLUT4：グルコース輸送担体

つながります。自己評価が低い思考回路は、自律神経バランスに影響します。

食べ物を我慢するということは相当なストレスになりますが、ストレスは食べ物を我慢、空腹を我慢する以外でも溜まり、生活していると避けることができません。


このストレスとうまくやっていくために、副腎が頑張ります。

副腎から「抗ストレスホルモン」であるコルチゾールというホルモンが出ます。副腎は腎臓の上にちょこっと乗ってる可愛いやつです。この副腎はおまんじゅうのような構造になっていて、コルチゾールはおまんじゅうの皮の部分から出ます。また、あんこの部分からはアドレナリンというホルモンが出ます。コルチゾールやアドレナリンは、血糖値が大きく下がったりすると、大量に分泌されます。食べ物を我慢するストレスや、食べる量の少なさからくる低血糖により、イライラやソワソワし、我慢し切れず、ついクッキー1枚、チョコひとかけらを口にするようなときには、すでにコルチゾールやアドレナリンが分泌され、血糖値はグーンと上がっていています。すると、上がり過ぎた血糖値を下げるためにインスリンがドバーッと出て、血糖値を急激に下げ過ぎてしまいます。すると、今度は下げ過ぎた血糖値を上げるために、また、コルチゾールやアドレナリンがワーッと出ます。

血糖値が上がったり下がったり、乱高下すると、エネルギーの急激な減少や疲労感、ウツっぽい症状がでることがあります。

長期にわたるストレス状態では、コルチゾールが重要な役割を果たします。通常、コルチゾールの分泌は脳によって調節されています。長期にわたる過度のストレスは、脳の調節に影響を及ぼし、結果的に副腎皮質が過剰なコルチゾールを生産し続けてしまう状況になる可能性があります（さらに影響を受けた時については、P106～P107のHPA軸の機能障害参照）。

コルチゾールは体の自然なサイクルに従って一日を通じて分泌量が変化します（概日リズム）。朝に分泌量がピークに達するのが普通ですが、長期のストレスで、このリズムが乱れると、朝、なかなか起きられない、日中ぼーっとしてる、夕方になると元気になる、なかなか眠れない、といった症状が現れることがあります。

血糖値を安定させるホルモンがいい感じで働いてくれるためにも、ストレスによって身体に支障を来さないためにも、食べなさすぎは禁物です。

タンパク質だけを食べていればいい？

ダイエット界隈では、タンパク質が大事という話をよく聞きます。

確かに、タンパク質はあらゆる組織の材料になります。消化酵素や代謝酵素もタンパク質なので、摂取タンパク質が不足すると材料不足となります。不足すると困りますが、だからといって摂りすぎると、腎臓や肝臓に負担がかかります。腸内環境も悪化します。おならやうんちが殺人級の臭いを発していませんか？自分のうんちの臭いが気になり、出先でトイレを我慢なんてことはないでしょうか？　タンパク質を正常に消化できれば、うんち、そんなに臭うものではありません。タンパク質は不足しても過剰でも健康被害や行動制限が出てしまいます。

脂質も不足すると、気分が落ち込んだり、疲れやすくなったりと、低血糖症状と似たような症状が出ます。取りすぎると、肥満やＬＤＬコレステロールが過剰になって血管がつまりやすくなり、結果、循環器障害を起こしたり、高血糖になったりという健康被害が出ます。炭水化物もすぐにエネルギーになってくれる代わりに、取り過ぎると中性脂肪になり、脂肪肝などの生活習慣病と関連します。少ないとエネルギー不足になります。

では、どんな感じで、タンパク質、脂肪、炭水化物を摂取したらいいでしょう？

厚生労働省から出されている〝日本人の食事摂取基準２０２０年度版〟より「ＰＦＣバランス（エネルギー産生栄養素バランス）」というおすすめの摂取基準があります。

後述もしているので、そこも合わせて読んでください。ここでは例を示してみます。

タンパク質（P）　13〜20％
脂質（F）　20〜30％
炭水化物（C）　50〜65％

とされています。

人間の身体は、約60％水分、約20％タンパク質、約20％脂質・ミネラル・糖質・その他、となっています。ＰＦＣバランスもタンパク質が20％になっていますね。
例えば、参照体重を50kgとし、基礎代謝基準値と身体活動レベルより算出した（Ｐ127～Ｐ129参照）１日１９００kcal摂取する場合、厚生労働省のやり方で行うと、まずタンパク質量を決める→脂質量を決める→残りが炭水化物となります。

タンパク質を20％とすると　１９００×０・２＝３８０kcal
タンパク質は　１g＝４kcal　だから　３８０÷４＝95g
タンパク質を13％とすると　１９００×０・13＝２４７kcal
２４７÷４＝61g※
脂質を25％とすると　１９００×０・25＝４７５kcal
脂質は　１g＝９kcal　だから　４７５÷９＝52g

炭水化物は　1900－380－475＝1045kcal
炭水化物は　1g＝4kcal　だから　1045÷4＝260g

というバランスになります。

●PFCバランスに基づく計算は、全体のエネルギー摂取量（カロリー摂取量）と、そのエネルギーをどのようにタンパク質、脂質、炭水化物で分配するかに焦点を当てたアプローチです。この方法は、バランスの取れた食事や健康目標を達成するために用いられます。

●体重に基づく計算は、主に筋肉量の維持や増加、高齢者の筋力維持などに焦点を当てたアプローチで、特に筋トレやアスリート向けの推奨量を提供する場合によく用いられます。この方法では、体重1kgあたりのタンパク質摂取量の目安は、一般的には1・2gから2・2gの範囲で推奨されます。

※この61gは、体重に基づく計算で、一般的には、体重（kg）×1・2gがタンパク質摂取の目安とされ、算出されたものと近くなっています。

どちらの方法が「正しい」というわけではありません。個人の健康状態、身体的活動レベル、目的や目標によって異なります。例えば、筋肉を積極的に増やしたい場合は、体重に基づく計算でより高めのタンパク質摂取量が適していますし、全体的な健康を目指してバランスの取れた食事を心がけている場合は、ＰＦＣバランスに基づく計算で適切な摂取量を決めることが適していると考えられます。

普通のお茶碗一杯のご飯は、約１５０g程度とされています。もちろん、お茶碗の大きさやご飯をどんな感じで盛る、大盛りなのか小盛りなのかによって異なります。だいたい、左記のような成分となります。

エネルギー：約２００kcal～２５０kcal
水分：約１００g（白米を炊いた後の重量には約50％の水分が含まれています）
炭水化物：約45g～55g
タンパク質：約３g～４g
脂肪：約０・５g～１g

食物繊維：1g未満（白米ご飯にはあまり含まれていません）

これらの数値は、米の品種や炊き方によって変わります。また、玄米や雑穀米など、異なる種類の米を使用すると、これらの数値は大きく異なります。玄米や雑穀米は、白米に比べてタンパク質や食物繊維が多く含まれているため、栄養価が高くなります。

一般的なコンビニのおにぎりは1個100から120gぐらいなので、お茶碗一杯はそれよりも多い。ダイエット時であっても、カロリーや、必要な栄養素を摂取するためには、3食、お茶碗一杯を食べても、炭水化物の熱量としては、多くて750kcal。ご飯は避けるべき食べ物ではありません。やみくもに主食を減らす、ご飯を減らすのは得策ではありません。ご飯を削って、甘いものを食べる……。たとえば、朝ごはんを食べずに、ペットボトルのカフェオレにしたとします。ペットボトルのカフェオレには100mℓにだいたい大さじ1の砂糖が入っています。砂糖大さじ1は9gなので36kcal。500mℓで180kcal。カロリー収支だけ考えると、お茶碗一杯のご飯より少ない（ダイエットにはいい？）ですが、砂糖は、素早く吸収されて、急激に血糖値をあげます。血糖値の急激な上昇は、インスリンを大量に分泌させます。インスリンは血糖値を下げるホルモンであり、血糖を細胞内に取り込ませる役割があり、頻繁に高いインスリンレベルが要求されると、インスリン抵抗性のリスクを高める可能性があります。また、血糖値が急上昇そして急降下すると、空腹感、疲労感、集中力の低下などを感じる原因になります。学校や会社に着く頃、なんだか眠い、なんか疲れた、家を出たときは、お腹は空いていなかったのに、急に、ものすごくお腹が空いたという経験はないですか？

砂糖は単に血糖値の急激な上昇降下だけでなく、肥満、2型糖尿病、心血管疾患、歯科疾患などのリスクを高めるとも考えられています。ダイエット中だからといって食事量を減らし、空腹を甘いドリンクでごまかさず、全体的な栄養バランスを考えた食事をこころ掛けることが、健康的なダイエットに必要です。

食材の重さ＝栄養素の量ではないことに注意。
お肉100gはたんぱく質100gではない。

揚げ物については、お肉や魚にもともとある脂質と、揚げ油の吸収量まで考えないといけないので、なかなか計算しづらい。1日で考えるより1週間単位で考えると、揚げ物の日も作れます。

PFCバランスには、飽和脂肪酸（バターやラードなどの）の上限も決められています。

15〜17（歳）は8％、それ以上の年齢では7％以下に。

1900kcalの場合、1900×0.07＝133kcal÷9＝14.7g

飽和脂肪酸は一日14.7gまで。どんなお肉にどれだけ飽和脂肪酸が含まれるのか、それは調べないとわからない……。無料の栄養価計算ソフトやアプリもあるので、利用してみるといいと思います。

栄養素って何？

3大栄養素といえば、炭水化物、タンパク質、脂肪。

米・うどん・パンなどが炭水化物。脳や身体を動かすエネルギー源。

肉・魚・豆腐などがタンパク質。皮膚や骨、筋肉、内臓、血管、血液など身体を作る材料。

肉の脂身・天ぷら油・サラダ油などが脂肪。エネルギー源、細胞膜の維持、皮下脂肪として内臓を保つ（お腹にお肉がつきやすいのは、お腹に骨がないからといわれている）、皮膚からの水分蒸発を防ぐ、体温を維持する。栄養素には他に鉄・カルシウム・亜鉛・マグネシウムなどのミネラル、A、B、C、D、E、Kなどのビタミン類があります。

余談ですが、タンパク質、たんぱく質、蛋白質、何が違うの？って思いませんか？

文部科学省の学術用語ではタンパク質、厚生労働省ではたんぱく質、医学会の医学用語管理委員会では蛋白質と書くそうです。この本では、タンパク質で統一します。

炭水化物の消化吸収

お米やパンを食べて、もぐもぐしていると、唾液と混ぜ混ぜされます。

炭水化物は、この唾液の中にある消化酵素のアミラーゼで分解され、オリゴ糖や2単糖に分解されます。よく噛んでいると甘くなってくるのはそのためです。

オリゴ糖や2単糖は食道から胃の中では変化せず、十二指腸に流れていくと、すい臓の消化酵素アミラーゼにより全てが2単糖になります。大根にもアミラーゼが含まれているので、おもちやサンマや卵焼きやいろいろなものに添えられていますね。

この2単糖の形では小腸から吸収されません。最後に小腸粘膜にあるグルコシダーゼによって分解されて初めてブドウ糖となり、小腸から吸収されて血液の中に入ります。そして身体中にある細胞へと入っていきます。そして細胞の中でせっせとエネルギー（ＡＴＰ）に変えられます。

タンパク質の消化吸収

硬い肉でも柔らかい肉でも、牛肉でも豚肉でも鶏肉でもお魚でも、消化吸収の仕組みは同じです。タンパク質は肉だけでなく、卵や豆腐などの大豆製品にも含まれます。

お口の中の消化酵素には、タンパク質を消化する働きはありません。

消化酵素はありませんがよく噛んで表面積を大きくし、舌で唾液と混ぜ込むことで食道の滑りが良くなり、胃での扱われ方が変わります(Ｐ43ガスチンの働き)。胃の中に入るとタンパク質は胃液のペプシンという消化酵素と胃酸(塩酸)によって分解されて、ペプトンというアミノ酸と低分子量のペプチドになります。ペプトンは十二指腸に流れていくと、やはり膵液の消化酵素であるプロテアーゼによって、アミノ酸に分解されて小腸で吸収されます。吸収されたアミノ酸は肝臓に運ばれて、身体に役立つように加工されます。

しっかりアミノ酸にまで分解されず、未消化の低分子ペプチドが吸収されることがありますが、これが、アレルギーの原因になるといわれています。

脂肪の消化吸収

脂肪は口腔内や胃の中では消化されません。

十二指腸で、すい臓からリパーゼという脂肪分解酵素が分泌されて、脂肪を消化。消化された脂肪は中性脂肪とコレステロールに分かれ、すぐ小腸粘膜から吸収されます。

中性脂肪もコレステロールも水に溶けないので、小腸粘膜内でミセルという粒子になって血液中に入ります。そこからコレステロールや中性脂肪は代謝されます。

コレステロールの一部は細胞膜の主原料となり、中性脂肪はTGとも呼ばれ、エネルギーの素になります。同じエネルギーの素のブドウ糖と比べると、1gあたりのカロリーは1・7倍強になります。

しかしエネルギー生成に一番よく使われる栄養素は糖で、中性脂肪は2番目です。よって食べる量が多くて運動が少なく、使用するエネルギーが少ない人は、吸収された中性脂肪が使われずに、脂肪組織として肝臓やお腹に溜まる。エネルギーの摂取量が少なく中性脂肪が少ない人は、糖を使い切り、中性脂肪も使います。そのため中性脂肪も少なくなりますが、少なければ少ない方がいいかというとそうではない。糖が枯渇したとき（低血糖になったとき）、エネルギーになるために中性脂肪がスタンバイしてるので、中性脂肪値が低過ぎるというのは、細胞内でエネルギー（ATP）が作れない状態になっているということ。

特に病気ではないのに、体調が悪い、疲れやすい、精神的に不安定、やりたいことが見つからないなどなど、病院では病気とは言われないけれど、毎日がダルくて仕方ないようになると、低血糖症の疑いありです。

脂肪はうま味の成分として大事なものです。おいしいと思いながら食べることは健康につながります。

タンパク質が分解されたアミノ酸の一部もうま味成分として重要ですが、脂身がないとやはり美味しくありません。脂質過多にならないよう、お腹がぽこっとしてきたり体重が増えてきたりしたときには要注意です。

命を支える　タンパク質!!

タンパク質と聞くと、筋肉モリモリをイメージしますか?

ボディービルダーみたいな?

サーカスを見たことはありますか?

人々を魅了する空中ブランコ、自分の体重を腕だけで支えて空中を飛びます。この演技をしている女性の筋肉でさえ、綺麗ではあるけれど、ボディービルダーのようではありません。

普通の人はタンパク質を摂ったからといって、ボディービルダーにはなれません(なりません)。筋肉を大きくするためには、自分の体重以上の重いものを持ち上げ負荷をかけ、トレーニングすることが必要です。そんなに簡単に筋肉ってつくものではありません。筋肉を大きくすることより、筋肉を減らさないことが大切です。

筋肉は確かにタンパク質ですが、タンパク質の役割は筋肉を作ることだけではありません。タンパク質のすごいところは〝命を支えている〟ところです。

生きるために必要な身体の機能ほぼ全てに、タンパク質が絡んでいます。ダイエット時に、美しく健康的に痩せるために代謝を下げないよう筋肉を維持したり、髪の毛やお肌の材料にもなったりします。冷え性にも関係します、痩せるには痩せたけど、パサパサの艶のない髪の毛や、カサカサのお肌でいいわけないでしょ？　冷え性になって、寒い寒いと着膨れしたくないですよね。

身体の機能を調節する「ホルモン」、消化をコントロールする「酵素」、ウイルスや細菌から身体を守る「抗体」、すべてタンパク質です。

感情や気持ちに影響する脳内ホルモン、例えば精神を安定させるといわれるセロトニン、やる気や達成感、ポジティブな気持ちにさせるドーパミン、恐怖や驚きを感じさせるノルアドレナリン、これら脳内ホルモンの材料もタンパク質です

［図B］

タンパク質（アミノ酸）から神経伝達物質がつくられる流れ

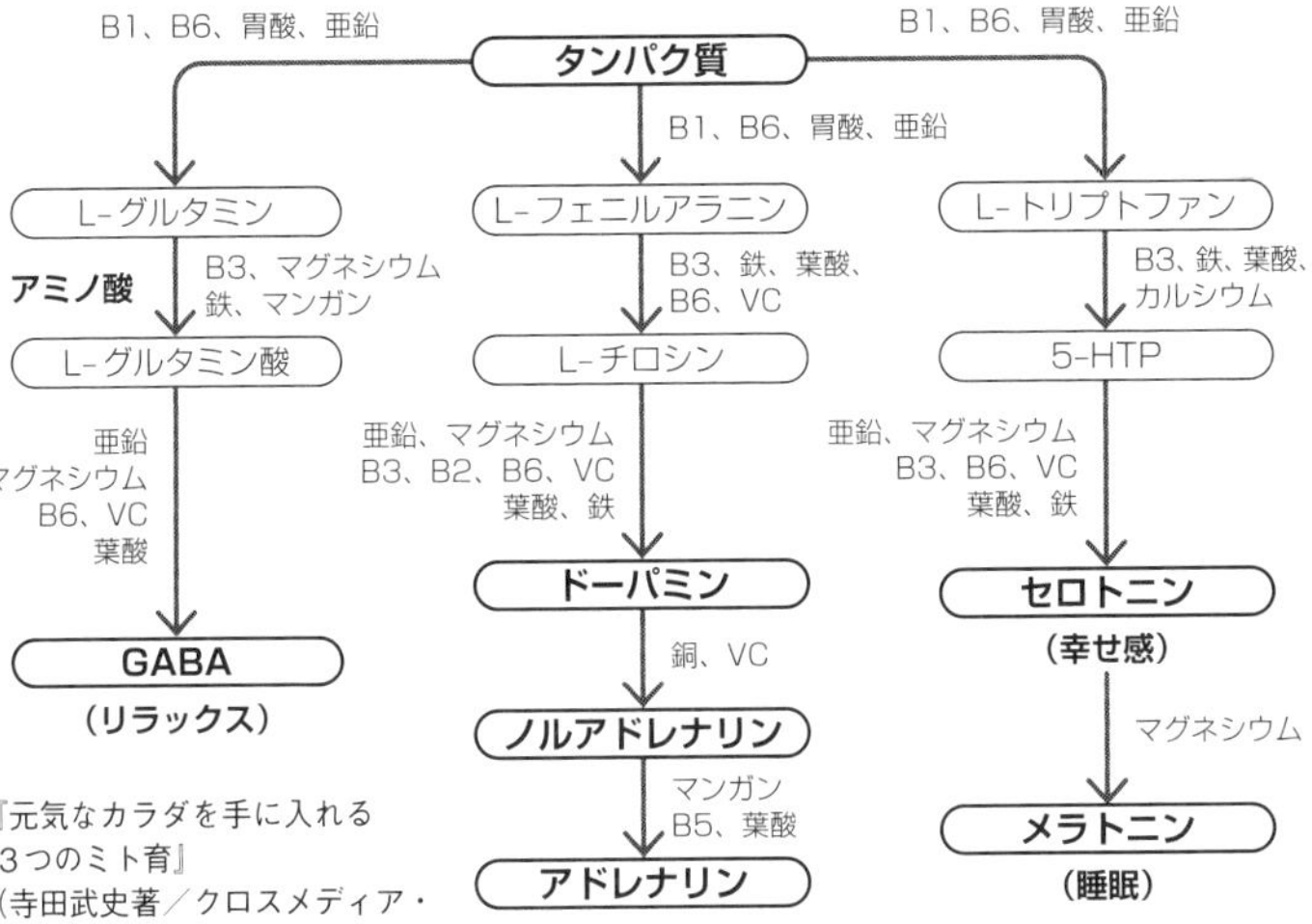

『元気なカラダを手に入れる3つのミト育』（寺田武史著／クロスメディア・パブリッシング）を参考に作成

［図B］。

タンパク質が不足すると、メンタルにも問題が起きてしまいます。すぐ落ち込んだり、すぐ悪い方に考えたり……。タンパク質は、人のこころも作っています。

では、身近な不調にタンパク質はどんなふうに関わっているのでしょうか？

たとえば、いくら寝ても疲れが取れないという経験はないでしょうか？

タンパク質は体内で、細胞や組織の修復、再生などに関わっています。

タンパク質の摂取が十分でないと、

運動や日常生活による筋肉の小さな損傷の修復が遅れ、筋肉の成長が妨げられます。これが疲労感がとれないという事につながります。

疲労回復には睡眠の質にも関わっています。セロトニンは幸福感を感じさせる神経伝達物質であり、メラトニンは睡眠を促すホルモンです。これらは適切な睡眠サイクルの維持に重要で、不足すると睡眠の質が低下し、疲労感が解消されにくくなります。タンパク質摂取不足は、これらの物質の合成に必要なアミノ酸が不足することにつながり、結果として睡眠の質の低下や疲労感の持続に影響を及ぼします。

✦

呼吸したり運動することで体内で活性酸素が発生します。これは体内の細胞や組織にダメージをあたえ、筋肉の疲労回復も遅らせます。

タンパク質から作られるグルタチオンペルオキシダーゼやカタラーゼは、活性酸素に対して非常に重要な抗酸化酵素です。グルタチオンペルオキシダーゼは、体内で発生する活性酸素を無害化する反応を進め、カタラーゼは活性酸素を水と酸素に分解する反応を進めます。これらの酵素の活性は、ビタミンC、ビタミンEなどによって支えられています。タンパク質の摂取が不足すると、筋肉の修復が遅れ、疲労感が持続するだけでなく、セロトニンやメラトニンの合成にも影響を及ぼす可能性があり、睡眠の質の低下を招きます。睡眠の質の低下は身体の回復プロセスに悪影響を及ぼし、活性酸素によるダメージの回復も遅れることになります。

また、冷え性の人も多いと思います。

ストレスで自律神経が乱れてるということもありますが（交感神経優位になると血管が収縮して血流が悪くなる）、身体で熱を生み出す筋肉量が低下すると、冷え性になりやすい。まちがったダイエットでタンパク質摂取が不足すると、筋肉量が低下してしまいます。タンパク質は〝食事誘発性熱産生〟が高いので、身体も温まりやすくなります。タンパク質を含む肉や魚、大豆と一緒に、生姜、ネギ、ニラ、ニンニク、根菜などを摂るといいでしょう。

夏なのに、冷え性で靴下が手放せないというのはいかがなものでしょう……。可愛いサンダル、素足で履きましょう。

冷え性と同じくらい聞くのが、むくみ。

靴下のあとがくっきり凹んでる……。夕方になると靴がキツくなる、朝起きてみると、なんだか顔がパンパン、目も小さくなった……。

これは身体の水分量と血液量のバランスを保つ、アルブミンというタンパク質不足で起こります。血中アルブミンは水分を抱えています。タンパク質不足で低アルブミンとなると、水分を血中で抱え込めず、細胞側に水分が溜まってしまい、むくみが起きます。水分を血中に抱え込めないと血液濃縮が起こり、熱中症になる可能性が高くなります。熱中症になってから水分を摂っても、血液がその水分を運べません。血中アルブミンが増えると余分な水分が排出されて、むくみが解消します。

肩こりもよく聞きます。

肩こりは血流が悪くなって起こるといわれてますが、血流が悪くなるのは、筋力の低下が原因の一つです。タンパク質が不足し、全身を支える背中の筋肉量が減って支えきれず、肩こりが起こります。姿勢を正して……、とか、変な姿勢で長時間いると……、と聞きますが、そもそも筋力がなくて姿勢を正せないのです。姿勢を正していることがつらいんです。

椅子の座面に足を乗せて、グチャとした姿勢が楽な人も多いと思います。

これ、体幹の筋力が弱っているからです。筋力によって重力や自分の頭の重さに対抗して身体を支え、腹圧を維持するのですが、筋力がなかったりそもそも筋肉が少なかったりすると、腹圧を保つことができず、グチャとなってしまいます。小さい子供が大人のように足を組んだりするのも低タンパクによる筋力不足。

貧血も女性には深刻な問題ですね。

貧血は血中で酸素を運ぶヘモグロビンの低下で起こります。ヘモグロビンは鉄とタンパク質が主な原料です。肉類やレバーは、吸収しやすいヘム鉄とタンパク質を一度に摂取することができる、素晴らしい食材です。ヘモグロビンを作るとき、ビタミンB群も必要です。

何と、肉類、特に豚肉やレバーはビタミンB群も含んでいます。素晴らしい。肉、素晴らしい。サンマやマグロ、アサリ、たらこにもビタミンB群が豊富に含まれます。

イエローベース（略してイエベ）、ブルーベース（ブルベ）といえば今流行りの肌タイプです。ここにもタンパク質が関わっている可能性があります。

肌色は主に遺伝的要因、特にメラニンの種類と量によって決まります。タンパク質不足が直接イエローベースの肌色を引き起こすということではありませんが、β-カロテンのようなカロテノイドが肌に蓄積しやすくなることで、既にイエローベースの人の肌色がより黄色く見える可能性があります。

β-カロテンは脂溶性で、体内でビタミンAに変換された後、肝臓に蓄えられます。必要に応じて、ビタミンAはタンパク質にくっついて、身体の各部へと運ばれます。タンパク質不足がある場合、ビタミンAの運搬効率が低下し、必要なところに運ばれず、結果としてカロテノイドが体内、特に皮膚の脂肪組織に蓄積しやすくなります。これは、特にβ-カロテンが多く含まれる食品を多く摂取するベジタリアンやビーガン、厳し目のダイエット中の人々において、肌が黄色く見える一因となります。

じゃあ、ブルーベースはといえば、タンパク質不足による貧血で、血流が悪い場合は、肌がくすんで見えたり、色が不均一になることにより、既にブルーベースの人の肌がより青白く見える可能性があります。

お化粧することは楽しくもあり、面倒なときもあります。目指すところは、お化粧はしていても、していなくても、血色よくほんのりピンクでツルッと、ピカッとしたお肌ではないでしょうか？

タンパク質は身体にとってとてもいい働きをするのですが、消化されてアミノ酸に分解されて、必要なタンパク質に再合成されてこそ、その素晴らしさを発揮します。タンパク質は胃で消化されますが、胃は自律神経のアンバランスに影響を受けます。交感神経優位になれば、胃酸分泌が不安定になり、胃粘液が減少し、胃のぜん動運動と胃壁再生が低下し、消化不良を起こしてしまいます。

自律神経はライフスタイル、家族関係、自身の思考回路によるストレスに影響を受けやすい。身体の不調、こころの不調はつながっていることがわかります。

脂肪も大事なんだよ

消化と吸収のところで、「コレステロールの一部は細胞膜の主原料となり、中性脂肪はTGとも呼ばれ、エネルギーの素となっている、中性脂肪は高過ぎはダメだけど、低ければいいというものでもない」とお話ししました。中性脂肪が低いとエネルギー切れを起こすため、疲労感が長引きます。中性脂肪をエネルギーに変えるのは糖が切れたあとなので、中性脂肪までが少なくて使えないとなると、エネルギー不足で疲労感が長引きます。やる気が出なかったり、すぐにしんどくなったり、悲観的に考えやすくなったり、すぐに怒ったり、軽い情緒不安定症状が出やすくなります。彼氏や友達と連絡が取れなかったとします。普通は「今、忙しいのかな?」「今、手が離せないのかな?」と思い、またあとでいいやとなります。ところがこころが不安定になっていると「浮気してる」「嫌われてる」「無視されてる」と勝手に思い込んでメソメソしたりイライラしたり、ひどいときは怒り出します。中性脂肪が低いを一言で言うと、エネルギー不足です。このエネルギー不足を解消しないことには、悲観的思考は改善できない。なるほど、じゃあ、無理なダイエットや偏った食事で悲観的思考になったんだから、食事を整えるといいよね(^^)となります。そのとおり。まずは食べましょう。

ところが中性脂肪の低さには、もっと奥深い問題があってなかなか改善しないことも多い……。

検査会社にもよりますが、健康診断や人間ドックの血液検査では、中性脂肪の基準値は、30〜149mg／dLとされていることが多いようです。メタボリックシンドロームの診断基準は血中中性脂肪の値です。

中性脂肪は、エネルギーの素でしたね。

中性脂肪が低いということは、エネルギーの素が少ない、だから疲れやすい。わかりやすいですね。だいたい100mg／dLを目指したいところです。だいたい70mg／dLを切ったあたりから、もしかして中性脂肪が低い？という症状が出てくる感じがあります。

身体はまず、エネルギーになりやすい糖をエネルギーに変えますが、なりやすいだけあって糖はすぐなくなる。すると身体は中性脂肪を切り崩してエネルギーに変えようとします。ところが、中性脂肪が低いときは、エネルギーにかえられない。糖のエネルギー不足を補えない。低血糖の症状と似てきます。

低血糖症は、どかーんとインスリンが出て血糖値が急降下したときや、炭水化物の摂取が少なくて血糖値が上がらないときに起こり、次のようにさまざまな精神的・身体的症状を引き起こします。

- 何だかいつも眠い
- 何だかいつもダルい
- 不安感
- 必要以上に焦る
- ソワソワする
- イライラする
- 夜中に目が覚める

●急に汗をかく

これらの低血糖症状があり、中性脂肪が低い場合は、中性脂肪を上げないことにはこの症状は治りません。ただ、中性脂肪が低いからといって、絶対に低血糖とは言い切れません。甲状腺機能亢進症という病気があり、特徴として中性脂肪(脂質)の低下があります。ここでは病気がないものと考えるので、中性脂肪が低いのは低血糖の目安と考えることとします。

中性脂肪が低くなる理由は次の通りです。

1. 無理なダイエット、長期のダイエット、偏った食事など、そもそも十分な食事ができていない。中性脂肪の材料が摂取できていないので、中性脂肪は低くなる。

2. 中性脂肪は肝臓で作られますが、栄養不足による脂肪肝があると、中性脂肪を合成することができません。何となく、「脂肪肝」と「中性脂肪が多い」をセットにしていませんか？　ぽっちゃりさんが脂肪肝になっている感じもありますが、そうではないときもあります。やせているのに脂肪肝という場合です。中性脂肪が低いのに脂肪肝になるのには、無理なダイエット、長期のダイエット、偏った食事が関わっています。肝臓で作られた中性脂肪は、タンパク質と結合して肝臓から血液中に運び出されますが、厳しいダイエットを繰り返したり長期に行ったりすることで、タンパク質が不足すると、合成した中性脂肪を血液中に運搬できなくなり、肝臓に脂肪が溜まって脂肪肝になってしまいます。

3．過度な運動：アスリート並みの運動を繰り返すことで、蓄えられていた中性脂肪が大量に消費されることになり、中性脂肪が低くなる。

4．アドレナリンやノルアドレナリンの作用により、脂肪組織への血流が増加し、中性脂肪が分解されます。またこの作用は脂肪消化酵素リパーゼを活性化するので、中性脂肪を消化してしまう。アドレナリンやノルアドレナリンは危険を感じたとき、過度のストレスを感じたとき（低血糖を含む）、楽し過ぎるときなどに分泌され、適切なセロトニンレベルであればアドレナリンの過剰な分泌を防ぐことにつながります。

5．無自覚にエネルギーを消費する活動をやめる。ちょっと何言ってるかわかりませんね。例えば、会社のあるチームが企画を立てたとします。頑張って資料を作り、頑張ってプレゼンをし、方々に確認を取り、会社に企画が通ったとします。でも、やったね！すごいね！と褒められるのは、チームリーダーばかり。実際、動いていたのは、自分なのに……。頭の中は不平不満でいっぱいなのに、チームだからと自分に言い聞かせ、自分を黙らせる理由を無理やり考えてしまう、無駄にエネルギーを使っていますね。これが中性脂肪の低下に。

脂質（中性脂肪）はヒトの身体のエネルギーとなる栄養素の一つで、他の栄養素よりも効率の良いエネルギー源です。脂質（コレステロール）は細胞膜や性ホルモンなどのホルモンの材料にもなります。さらに脂質には、脂溶性ビタミンなどの油に溶ける性質のある栄養素の吸収を助けたり、脂肪の消化吸収を助けたりする消化液「胆汁」の主要成分、「胆汁酸」の材料となります。胆汁酸がないと脂肪の吸収ができません。中性脂肪は肉や魚、食用油などの食べ物に含まれる脂質や、ヒトの体脂肪の大部分を占めている物質です。中性脂肪が低いと脂溶性ビタミンの吸収も悪くなります。

脂溶性ビタミンとは、ビタミンA、ビタミンD、ビタミンE、ビタミンK。目や皮膚の粘膜、免疫力低下、出血が止まりにくいなどのトラブルにもなります。

ビタミンEは強い抗酸化力を持っているので、細胞を若々しく保つ働きがあります。中性脂肪が低いままで吸収が悪いとなると、お肌をツルツルにしたい、免疫を上げたいと、脂溶性ビタミンサプリメントを一生懸命取ったところで、吸収できないということになってしまいます。

脂質があまりにもダイエットの敵呼ばわりされていますが、思っている以上に脂肪は大事です。

また低血糖症にならないよう血糖値を上げるホルモンの一つに、コルチゾールがあります。通常このホルモンはストレス反応を調節し、身体を保護する役割を持ちます。糖質制限している、摂取カロリーも少ない低血糖の場合は、中性脂肪を分解して肝臓での糖新生を促し血糖値を維持しようとします。空腹を我慢するのもストレス、身体は栄養不足をストレスと感じ、加えて、学校や職場、友達関係、人間関係、もしかすると家族間にもストレスがあるかもしれません。コルチゾールは出続けます。どんどん中性脂肪を分解します。

ところが、ストレスが長期間続きコルチゾールが分泌され続けると、やがて、コルチゾールの分泌が低下し疲労感、低血糖、の影響を受けることになります。もし、コルチゾール分泌が続くと、脳の海馬が影響を受け、最終的には萎縮してしまうことがあります。これは記憶障害や将来的な認知症のリスク増加につながる恐れがあるので、身体がブレーキをかけた状態です。このシステムを少し詳しく説明します。

✳

ストレスを感じると、私たちの身体（会社）はＨＰＡ軸というチームをつくり「Ｈ：視床下部（社長）→Ｐ：下垂体（部長）→Ａ：副腎（係長）」という流れで、指令が送られていきます。

1．脳の中の「視床下部」（社長）が、「ストレスだ！」と警告します。それから、「コルチゾールが必要だぞ（副腎皮質刺激ホルモン放出ホルモン：刺激ホルモンを出せというホルモン）」という指令を下垂体（部長）に出す。

2．下垂体（部長）は、「コルチゾールを作れ（副腎皮質刺激ホルモン）」という指令を血液を通じて副腎（係長）へ出す。

3．副腎（係長）は指令を受け取り、「コルチゾール（出来のいい部下）」というホルモンを生産し、分泌します。コルチゾールは身体がストレスに対処できるよういい仕事をし、身体はエネルギーを増やし、こころを落ち着かせ、ストレスに立ち向かえるようになります。

4．身体（会社）に十分なコルチゾールがあると、視床下部（社長）と下垂体（部長）は「もう十分です」という信号を受け取り、コルチゾールの生産を止めます。これが「フィードバックループ」と呼ばれる仕組みで、身体が過剰反応しないよう（ブラック企業にならないよう）に調節しています。

ストレスがずっと続くと、ストレスがかかっても、下垂体は副腎皮質刺激ホルモンを作らなくなり、コルチゾールが出せなくなってしまいます。これをＨＰＡ軸機能障害といいます。長期的なストレスによるＨＰＡ軸の機能障害は、副腎の機能障害というより脳のホルモン調節機構全体に関わる問題と捉えた方がいいでしょう。

ストレスや無理なダイエットは、ただ体重を減らすだけではなく、私たちの身体や脳に影響を与えることとなります。特に無理なダイエットは、身体を不必要なストレス状態に置くことになります。身体に優しくしてあげてくださいね。

食品添加物について

私たちの身体は食べたものを消化代謝吸収して生きています。

身体を作るものは、食べたものと水です。

食べ物というと、近年では添加物と切り離せないものになってきました。日本では、添加物も農薬も〝明らかな危険性〟が見つからない限り、使用禁止にはなりません。一方、ヨーロッパでは〝明らかな安全性〟が確認されない限り使用できません。ヨーロッパで使われる添加物は心配ないけれど、日本はもしかしたら危険かもね、のスタンスが必要です。

コンビニ弁当にもファミレスのランチにも、スーパーやコンビニのお惣菜にも、腐らないためとか、カビをはやさないためとか、柔らかくするためとか、じゃんじゃか添加物が入っています。添加物は完成した加工食品を見てもわかりません。

裏の使用食品表示を見ても、ちゃんとしたところはわかりません。加工食品の使用食品表示に〝醤油〟と書いてあっても、その醤油が添加物だらけかもしれません。無添加を装うこともできるそうです。なぜ添加物が心配なのか。添加物の問題としては〝発がん性〟や〝アレルギーの原因〟、〝遺伝毒性〟、そして最近騒がれる〝新型栄養失調〟、それに関係している〝腸内細菌への影響〟〝ミネラル不足〟などがいわれています。そして、その影響はすぐ出るのか、10年先、20年先になるのか、いつ出るのかわからないことが不安を煽るところです。一つ一つの添加物がわずかな量でも、何種類も組み合わさっていたり、それが毎日毎日積み上がったりすることを考えると、目の前の食べ物、とても心配になってきます。しかし、日本は添加物にも農薬にもゆるゆるの国です。なぜ日本が添加物や農薬にゆるゆるなのか、添加物を使わない方法を考えるより、使う理由を考えているからのようです。日本で添加物を必死に避けようとすると、金銭的にも精神的にもやられてしまいます。気にするとキリがない。添加物を避けよう避けようとすると、食べるものがなくなります。そこで避ける優先順位を決めることで対処。先ほど、添加物の問題を何個か書きましたが、やはり腸内細菌への影響から、新型栄養失調が一番身近で対策を立てやすい問題と考えます。日本では、添加物を避けることができないので、付き合っていくしかない。腸内細菌の問題は、ミネラルの吸収が邪魔されることです。ミネラルの吸収は普通にしていても難しい。添加物が入ってきたら、もっと難しい。日本で生活するなら、普段からミネラル豊富な食事にして、できる範囲で添加物を避ける食事をしていくしかありません。ミネラル不足はメンタルにもエネルギー産生にも関わっています（P91［図B］、P138［図D］参照）。

では、避けることができる優先順位の高い添加物について。

①「アスパルテーム」「スクラロース」「アセスルファムK」「サッカリンNa」

これらは人工甘味料。わかりやすいのはゼロカロリーを売りにしているものによく入ってます。プロテインドリンクにもよく入っています。出汁醤油やまぜるだけのおかずの素、鍋の素、ケチャップ、ドレッシングなど、あれにもこれにも入っています。

「アスパルテーム」「スクラロース」「アセスルファムK」の3コンボで砂糖の味に近づくそうです。ゼロカロリーやカロリー○○%カットの飲み物や食べ物、身体にいいと思っている人はいませんか？　ダイエットの強い味方だと思っていませんか？　わざわざカロリーゼロや○○%カットを選んでいませんか？　糖類ゼロですが、甘さはあるので、脳は糖分キターーーッ、って思います。血糖値が上がると勘違いして、インスリンを出し始めます。でも実際は糖分は来ていないし、血糖値も上がっていません。出したインスリン分、血糖値が下がる、血糖値が下がると上げないといけない、身体は、「お腹空いてるよー」というサインを出します。人工甘味料入りの飲み物食べ物を飲めば飲むほど、食べれば食べるほど、食欲が増してしまう仕組になっています。血糖値を上げるために交感神経優位にもなります。交感神経優位になると、攻撃的になったりイライラしたりするんでしたね。甘いものをとても欲する感情、無性に食べたい感情は、脳の要求で身体がエネルギー低下を起こしているときなので、潔く、人工甘味料ではなく、ちゃんと糖分を摂取して、脳をバグらせない方がいいでしょう。人工甘味料は、腸内細菌叢を変化させ、耐糖能力を低下させることがわかっています。耐糖能力を低下させるということは糖尿病になりやすくなるということ、インスリン抵抗性を上げるので、糖をエネルギーに変えられなくもなります。疲れやすくなるということです。それでも、カロリーゼロやカロリー○○％カットの飲み物や食べ物が減らないのは、需要があるから。砂糖を使うより、人工甘味料を使う方が圧倒的に安く製造できるということが理由だそうです。砂糖は1kg185円、砂糖1kgと同じ甘さを実現するために必要なアスパルテームは35円。スクラロースや、アセスルファムKはもっと安い。メーカー側が儲けるための企業努力の結果です。人工甘味料は添加物の臭いを取ってくれるそうです。よく安売りされるものは安く売ってもいい、安く売っても儲かるようにできているということなんです。

②合成着色料　石油から作られるタール色素。赤○号のような表記のもの。カラメル色素

合成着色料は発がん性が心配です。

カラメル色素は、製造時に亜硫酸化合物やアンモニウム化合物を使うかで、カラメルⅠからⅣまで分類されています。カラメルⅠは両方使わず、カラメルⅣは両方使われているので避けたいのですが、日本でその分類表記は、求められていません。

③合成保存料　「ソルビン酸」「安息香酸」

合成保存料は微生物や雑菌の繁殖を抑える化学物質。腐らず長持ちさせるために使われます。発がん性も心配ですが、腸内細菌も抑えられるため、腸内環境悪化の心配があります。「腸脳相関」といって、腸が荒れると脳が不安になることがわかってきました。でも保存料は防腐剤になるので、不使用だったら食中毒の心配が出てきます。腸内細菌を荒らして腸内環境を悪くするので、ミネラルは多めに摂りましょう。もちろん、保存料を使用していないものがあればそちらを選び、早く消費するといいでしょう。

④たん白加水分解物アミノ酸液、酵母エキス

たん白加水分解物は添加物ではなく、〝食品扱い〟の人工うま味調味料です。「化学調味料」は〝添加物扱い〟の人工うま味調味料。化学調味料は添加物です

が発がん性はないとされています。しかし、たん白加水分解物にはアレルギーのおそれと発がん性があるといわれています。化学調味料もたん白加水分解物も強いうま味を持っているので、昆布や煮干しや鶏ガラの「だし」を取らなくなり、ビタミン、ミネラルが不足するようになります。ミネラルの一つである亜鉛不足による味覚障害がよく例に挙がります。たん白加水分解物、化学調味料を使うなら、ミネラル摂取も忘れずに、です。

酵母エキスは2種類あります。「有機酵母エキス」と書いてあれば大丈夫ですが、スーパーなどで売られている「酵母エキス」は心配です。成分は化学調味料と同じ。細菌を使ってグルタミン酸Naを作ると化学調味料、酵母を使ってグルタミン酸Naを作ると酵母エキス。酵母エキスも食品扱いです。食品扱いなので添加物無添加と書くことができます。原材料のどこにもたん白加水分解物と書いていなくても、〝調味料（アミノ酸）〟が化学調味料で、〝〇〇エキス〟の中にたん白加水分解物や酵母エキスが隠れていることが多い。

⑤乳化剤

腸にダメージを与える添加物といわれています。

乳化剤は腸のバリア機能を失わせるそうです。乳化剤が腸内フローラを変化させて炎症を起こすと、太ったり糖尿病になったりと、人工甘味料と同じような害が出るといわれています。乳化剤は「界面活性剤」です。合成洗剤の成分と同じ。菓子パンやサンドイッチ、チョコレートに入っています。「レシチン」「乳化剤（大豆由来）」と表記されていれば大丈夫。

✳

日本は添加物や農薬に緩い国とお話ししましたが、買う側の私たちも〝コスパ、コスパ〟と言って〝安くて美味しい〟となればオールＯＫで、〝安全〟や〝何が使われているか〟など、あまり考えていません。添加物を使えば安くて美味しいものができてしまいます。そうやって添加物まみれの食べ物を毎日毎日食べた結果、10年先、20年先、どんな病気になるのかわかりません。自分ラブの精神で、なるべく安全なものを選ぶ目を養っていきましょう。

「添加物は避ける！」「ミネラルとる！」神経質にやりすぎると元気のためにやっているのにストレスを生む原因になります。そのストレスで体内のミネラルが消費されてしまいます。大事なことは「0か100か」で考えないことです。せっかく添加物を摂らないようにしているのに、ストレスから胃腸不調になると栄養吸収ができず、不調になってしまいます。避ける添加物の優先順位をちらっと考えて、健康であれば多少の添加物には身体が対応できるようになっています。

第3章

みんなが気になる カロリーの話

あなたに必要なカロリーはどれぐらい？

カロリーを減らすだけ減らすと痩せるの？

糖質制限、置き換えダイエット、1日1食だけダイエット、16時間ファスティングなど、世の中の食べ物にまつわるダイエットはどれもカロリー制限ダイエット。カロリー制限ダイエットの初動はとてもいい。3kgくらいならすぐ落ちる。でもそのあとなかなか体重は落ちず、さらに、食べ物を制限しても体重は落ちなくなる。ダイエットを繰り返せば繰り返すほど痩せにくくなる。そして体重が落ちないからと、キラキラとしたキャッチーな宣伝文句につられて、いろいろと他のダイエット方法を試してみるものの、またもや結果は出ない。それはもう、すでに代謝がおかしくなっているせい。摂取カロリーが低過ぎると、身体がその少ないカロリーをいかに回すかと考えてやり繰りして、省エネモードに入る。今月お金がピンチというとき、いつもと同じように買い物はしないのと同じです。身体ではまず、自動的に呼吸や心臓の拍動、体温調節などの生命活動に関わるエネルギーの基礎代謝を落とします。代謝が落ちると痩せないという話は、ダイエットをしたことがある人なら聞いたことがありますね。そもそも、本当に、まだ、痩せないといけない？

では、あなたは痩せすぎ？　太りすぎ？　ちょうどいい？

ＢＭＩを計算してみましょう。ＢＭＩとは体重と身長から算出される肥満度を表す体格指数。健康を維持するために目安となる数字。〝健康を維持する〟数字です。大切なので２度、書きました。

BMIの出し方は

体重(kg)÷身長(m)÷身長(m)

適正体重は

身長(m)×身長(m)×22

国が理想とするBMIは、観察疫学研究において報告された総死亡率が最も低かったBMIを基に、疾患別の発症率とBMIの関連、死因BMIとの関連、喫煙や疾患の合併によるBMIや死亡リスクへの影響、日本人のBMIの実態に配慮し、総合判断し目標とする範囲を設定しています。

簡単に言うと、統計的に見て病気にかかる確率が最も少ないということ。22という数字は目標とするBMIの真ん中の数字。

グラフCは　低体重（BMI18・5以下）女性の割合の推移です。

BMI18・5以下になると痩せとみなされ、健康被害が出る体重です。若い女性の低体重は骨量低下になりやすく、将来、骨粗しょう症のリスクとなります。

BMI18・5といえば、身長165cmとすると、
18・5×1・65×1・65＝50・36なので体重が50kgぐらい。

[グラフC]

低体重（やせ、BMI≦18.5）女性の割合年次推移（年齢階級別）

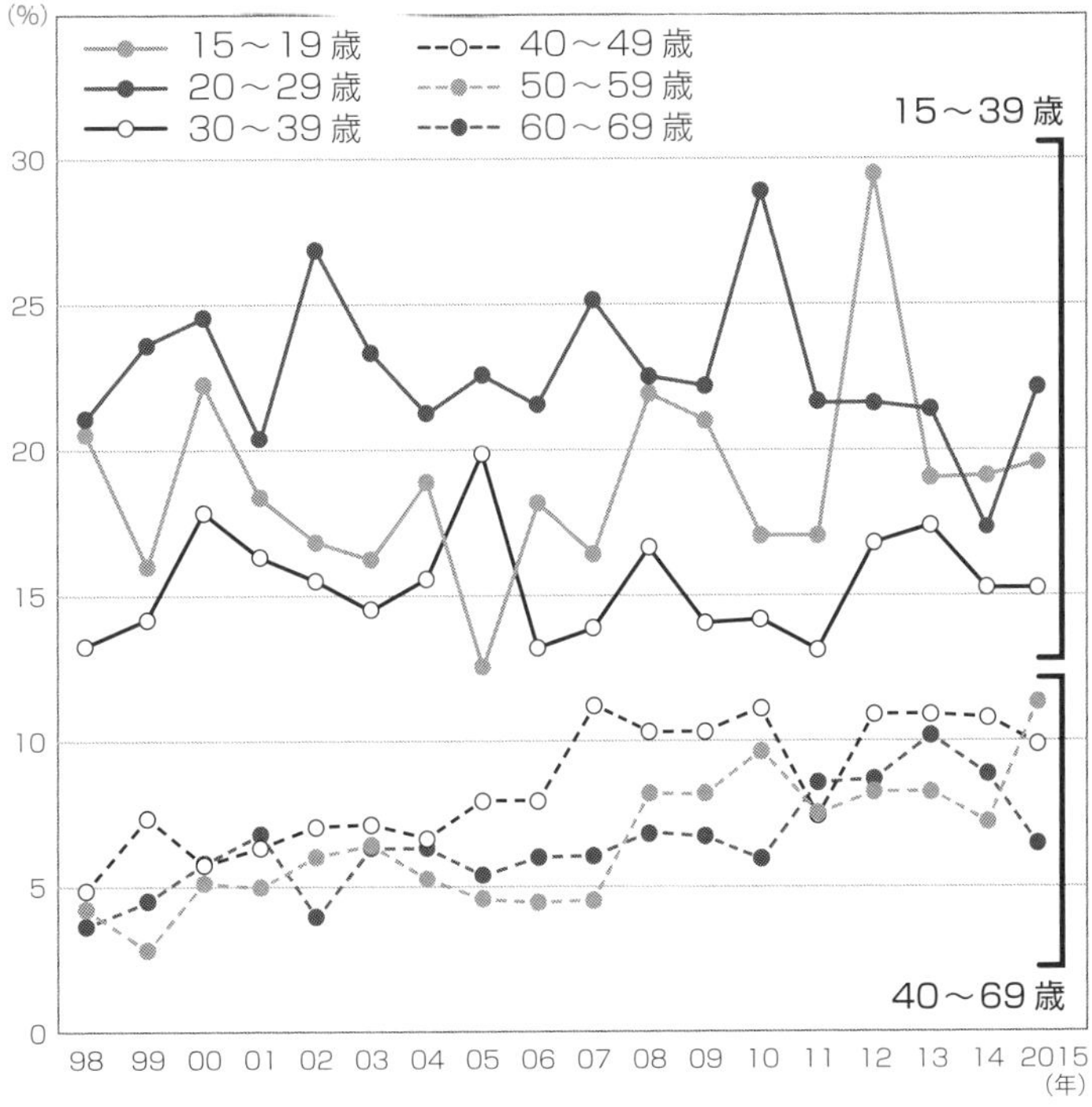

※BMI（Body Mass Index）、[体重（kg）]÷[身長（m）の2乗]とは肥満や低体重（やせ）の判定に用いられる指標。BMI18.5以下は低体重（やせ）とみなされる。

出典：厚生労働省「国民健康・栄養調査報告」

どうですか、羨ましい体重のような……？　え、そんなの普通？　50kgって痩せてない？

身長165cm、体重50kgでネット検索してみてください。テレビやネットで見るあの人も、あの人も、あの人はもっと痩せてる……。

多くの若い女子がそんな情報を見て、自分は太っているという認識を持ち、あるいはあんな人になりたいと、歪んだ理想の体型に憧れています。誤った情報は本来痩せる必要のない女子たちを過度なダイエットや偏った食生活に走らせ、エネルギー摂取不足や栄養バランスの低下を招いています。テレビって少しふっくら見えるのでやせすぎには見えないらしい。

若い女子の痩せ過ぎによる健康障害、月経異常。

過剰な食事制限のために月経が乱れたり、無月経になったりします。無月経になると、若くして閉経期（更年期）と同じ状態になるため、子どもが欲しいなと思ったときに産めなくなる可能性が高くなる。大好きな彼氏に振り向いて欲しくて、頑張って無理なダイエットをしました。めでたくカップルになりました。2人の子供が欲しいとなったとき、若いときの無理なダイエットのせいで、子供ができないなんて……、という事態にもなりかねない。また「出生に関する統計」（厚生労働省）によると、日本では低出生体重児（2500g未満）が増加しており、これには母親の痩せが関係していると考えられています。そして、出生時体重が低い子どもは、成長後に糖尿病などの生活習慣病を発症しやすいことが、疫学研究から示されています。あなたの無理なダイエットは、子供の将来にも関わる大事な問題なのです。

やせ過ぎで糖尿病のリスク上昇

順天堂大学大学院である検査が行われました。

それは、普通体重の若い女子（平均BMI20・3、年齢22・6歳）と、痩せている若い女子（平均BMI17・4、23・6歳）を対象に、経口ブドウ糖負荷試験を行ったそうです。身長160cmとするとBMI20・3は52kgぐらい、BMI17・4は45kgぐらいです。経口ブドウ糖負荷試験は通常、糖尿病の検査で用いられます。

その結果、普通体重の若い女子の1・8%が、ブドウ糖負荷後（日常生活においては、食後に相当）に血糖値が基準値を超える高血糖を示し、「耐糖能異常」と判定されました。耐糖能異常とは「糖尿病予備群」のことで、何らかの対策をしなければ糖尿病を発症してしまうよ、ということ。

一方、痩せている若い女子の耐糖能異常の割合は13・3%であり、普通体重の若年女性の7倍以上！　痩せていて耐糖能異常に該当する女子は、糖を取り込む組織である筋肉が少なく、肥満者の特徴であるインスリン抵抗性（血糖値を下げるホルモンであるインスリンの作用が低下した状態）が見られるなど、痩せているにもかかわらずメタボリックシンドロームと同じような変化（サルコペニア肥満）が起きていることがわかりました。

このような状態の女性への対策として、研究者らは、「十分な栄養と運動により筋肉量を増やすような生活習慣の改善が重要と考えられる」と述べています。

なお、BMIと糖尿病発症リスクとの関係がU字カーブを描く、つまり肥満だけでなく痩せも糖尿病のリスクであることは、中年期の日本人を対象とした研究からも示されています。また、30〜59歳のBMI15・9以下という極めて痩せている女性では、高血糖や脂質異常、高血圧が多いというデータも報告されています。

まずは、「すでに痩せているにもかかわらず太っている」といった間違った考え方をしていないか、チェックすることから始めましょう。BMIが18・5以下なら、それは、あなたはすでに「痩せ」なんです！ さらに痩せてはいけないんです。

適正なBMIを維持、または目標とするためには、必要なエネルギー量や望ましい内容の食事を摂ることが大切です。あなたが必要なエネルギー（kcal）はどれくらいでしょう？

人は起きて、食事しているときも、ぼんやりテレビやネットを見ているときも、大爆笑しているときも、寝ているときも、24時間エネルギーが必要です。なぜなら基礎代謝というものがあるから。自分はじっとしていても、息はしているし、心臓は動いてるし、胃や腸は働いて食べたものを消化しているし、体温も維持している。そういうものを、基礎代謝といいます。

基礎代謝とは、生命維持（心拍や呼吸、体温など）のために必要な最小限のエネルギーのこと。自分が意識しなくても勝手に消費されるエネルギーとも言い換えることができます。

では基礎代謝量ってどれくらいか？

国立健康・栄養研究所が出している、広い年齢範囲（18歳〜79歳）で比較的誰にでも当てはまるとされている計算式がこれ。

基礎代謝量（女性）＝（0・0481×W＋0・0234×H－0・0138×A－0・9708）×1000÷4・186

W：体重（kg）　H：身長（cm）　A：年齢

こんな細かい数字の計算をやろうって気持ちになる人はいます？

糖質制限で糖が足りず低血糖になっている状態の人や、エネルギーが足りない状態の人が、こんな細かい数字の計算をする余分なエネルギーもやる気も残っていないですよね。

そこで、いろいろな研究から、基礎代謝基準値が算定されました。

ものすごいおデブさんや、ガリガリさんには当てはまりません。

参照体重における基礎代謝量

基礎代謝量（kcal／日）＝基礎代謝基準値（kcal／kg／日）×参照体重（kg）

（例）18歳女子　22・1×50・3＝1111・6　ざっくり1110

ここでは参照体重で計算していますが、実際は、今の自分の体重を使いましょう。

体重が増えると、基礎代謝量は増えることになりますね。

黙っててもじっとしていても消費してくれる基礎代謝量がわかったので、あとは活動しているときに必要なエネルギーはどうするのか？

それは推定必要エネルギー量です。

死亡率が低く病気になりにくい健康的な体重で、適切な身体活動と身体機能を維持するための必要なエネルギー。まとめると、まずはこのカロリーを目安に食

※基礎代謝基準値　15～17歳は25・3、18～29歳は22・1、30～49歳は21・7。

べるといいよ、ということ。

推定必要エネルギー量の出し方
基礎代謝量(kcal／日)×身体活動レベル

●身体活動レベル
年齢別身体活動レベルの群分け
Ⅰ(低い)
座っていることが多い、静的な活動が中心
Ⅱ(ふつう)
通学、通勤、学校内での移動、職場での移動、接客、買い物、家事
Ⅲ(高い)
移動が多い、立ち仕事が多い、スポーツ習慣がある

先ほどの18歳女子が茶道部だったら、身体活動レベルはⅡ※、

基礎代謝量　1110×1・75＝1942kcal

1942kcalを食べると、健康的な体重（BMIが22）を保ち、適切な身体活動と身体機能が維持できるということになります。

では、何でもいいから1日に必要なエネルギーをとればいいのか。

サラダオイルで1日分のエネルギーをとってもいいのか？

ポテトチップスを何袋も食べて1日分のエネルギーをとってもいいのか？

おもちばかり食べて1日分のエネルギーをとってもいいのか？

食事は餌ではありません。美味しいという気持ちや、満足感が大切です。

美味しいという気持ちや満足感は、いろいろなものを食べることから生まれます。

※身体活動レベルは年齢によって異なる。18〜29歳だとⅠ（低い）＝1・50、Ⅱ（ふつう）＝1・75、Ⅲ（高い）＝2・00。

PFCバランス（エネルギー産生栄養素バランス）

「食べ物のカロリー」※と「日常的な活動（運動含む）で消費するカロリー」を計算し、「痩せたければ摂取カロリーを控えなさい」といわれています。これは大原則です。しかし、私たちの身体はそんなに単純ではありません。カロリーは身体の外で、その食物を空気中で燃やした時に出る熱量なので、それと同じことが体内で起こっているわけではないし、私たちの身体は「代謝」という重要な作用を絶えず行っているからです。細胞が生まれ変わったり（私たちの身体の細胞は日々生まれ変わっています。わかりやすいところで、お肌のターンオーバーって聞いたことがありますね。お肌のうまれかわり、消化や排泄をしたり、心拍や体温を維持したりなど、さまざまなことにエネルギーが使われ、しかも、その消費量は置かれた状況によって変化します。また、摂取カロリーを減らせば、身体が自らエネルギー消費を調整し、あまり使わなくなるということも起きます。

つまり、一概に「何カロリー使った」などと計算できるものではありません。

空腹を我慢しながら摂取カロリーを抑えても、身体が勝手にエネルギー消費を調整するので痩せなくなるし、カロリーを減らせば摂取する栄養も減ってしまいます。一日に必要なカロリーがわかったら、そのカロリーをどのようなバランスで摂取するといいのか。

これについては、厚生労働省から次のようにエネルギー産生バランスが示されています。

ＰＦＣバランス（エネルギー産生栄養素バランス）は、「タンパク質、脂質、炭水化物（アルコールを含む）とそれらの構成成分が総エネルギー摂取量に占めるべき割合（％エネルギー）」としてこれらの構成比率を示す指標である。

これらの栄養素バランスは、栄養素の摂取不足を回避するとともに、生活習慣病の発症予防及び重症化予防を目的としている。

ＰＦＣバランスを考えないエネルギー摂取は栄養の偏りを引き起こし肥満、糖

※化学的には「キロカロリー」が正確。ここでは呼びやすいカロリーと表記。

尿病、心臓病などの生活習慣病のリスクを高めてしまいます。過剰な脂質や糖質の摂取は体重増加を招き、糖質の不足はエネルギー不足となります。資質やタンパク質が不足するとホルモン不調や代謝の低下につながります。バランスの取れた食事は、健康を維持し病気のリスクを減らすためにも大切です。

カロリーなんて意味がない!?

10年ほど前に、カロリー計算は意味なしという説が大流行しました。

カロリー計算無意味説を唱える人の意見は「『食品が何キロカロリー』という表現は、その食品が空気中で燃えたときの熱量のことで、〝空気中で燃える〟という反応と、身体の中で起こるさまざまな代謝が全く同じなわけがない。しかも、身長も体重も活動量も、ライフスタイルも考え方も、何もかもが人それぞれ。そして、同じ人でも、日によって行動が違うわけだし。それぞれに対して答えがあるのだからカロリー計算には意味がない、〝カロリー〟よりも体内で作られて使われる〝ATP〟こそが大事なんだ」ということでした。確かに、細胞が正常に生まれ変わるためにはATPが必要です。細胞が正常に生まれ変わらなかったらどうなるか、目に見えるところでは、皮膚細胞が正常に生まれ変わらなかったら、肌のトーンや質感が変化したり、かさつき、ゴワゴワ感が出たりします。頭皮の毛根細胞が正常に生まれ変わらなかったら、髪の質や成長に影響が出て、抜け毛とか薄毛とかの原因になります。本書でよく登場する基礎代謝にもATP。ATPを作り出すのは、全身の細胞の中にあるミトコンドリア。「綺麗になる」とか「元気でいる」とか「健康」とか、いかにたくさんのATPを食べ物から作り出せるかにかかっています。疲れが取れないのも、意味もなく不安になるのも、このATP不足の仕業です。ATPが大切だから、ATPを効率良く作りたいからこそ、カロリー計算が大切なんです。

カロリー計算に意味がないなら、何でも好きなものを好きなだけ食べてもよいということになります。栄養の偏りは問題にならないでしょうか？

糖質制限を頑張っても、脂肪が多い食事にすることでカロリーオーバーしてしまうと、痩せることはありません。カロリーは摂っているといっても、ビタミン類や鉄などのミネラルが不足していると、ATPは作り出せません（P138参照）。痩せたい女子、痩せていることが一番と考えている女子は、ほぼアンダーカロリーでしょう。アンダーカロリー続きで代謝も落ちているでしょう。不足している栄養素もあるでしょう。だからといってサプリでビタミンやミネラルを大量にドバドバ投下しても、そもそも3大栄養素が摂取されてなかったり全体の栄養バランスが崩れているとミトコンドリアATP工場が稼働せず、摂取したサプリが体内でうまくつかえず、体外に排出されたり悪影響を及ぼすこともあります。アンダーカロリーで空腹を我慢している女子は、交感神経優位にもなっています。いつも不安感からオドオド、ソワソワ。不安感を落ち着かせるサプリより、まず「食べなさい」。まずカロリーを整えましょう。とはいえ何でもかんでもやみくもに手当たり次第食べてもいいというわけではありません。一定の指針が必要です。それがこのカロリー計算でありPFCバランス。それが効率良くATPを作り、「綺麗になる」や「元気でいる」や「健康」につながります。

第4章

こころと身体にやさしいダイエット入門

鉄欠女子だらけ

いきなりですが、こんなことはありませんか？

- 知らない間にあざができている
- 頭痛
- 肉や魚をあまり食べない
- 生理前に不調がある、生理痛がひどい
- イライラする
- まぶたの裏が白い
- 歯茎の色が薄いピンク、出血しやすい
- 注意力がない

●抜け毛切れ毛が多い
●手足が冷える
●爪が薄い、柔らかい、2枚爪
●甘いものがやめられない
●硬いものを噛みたい（氷、飴、硬い煎餅など）
●疲れやすい、息切れする
●喉に不快感がある、少し大きめの錠剤が飲み込めない
●足がムズムズする

このような症状は、鉄が欠乏すると、おこることがあります。

［図D］はエネルギー産生経路のクエン酸回路が回るときに必要なビタミン、ミネラルを示したもの。何度も出てくるのが鉄、マグネシウム、ビタミンB群。P91の［図B］にも鉄、マグネシウム、ビタミンB群が何度も出てきます。エネルギー産生経路とかぶっています。

思春期は身体が急激に大人に変わろうとするときで、メンタルが不安定になりま

［図D］ クエン酸回路に必要なミネラル

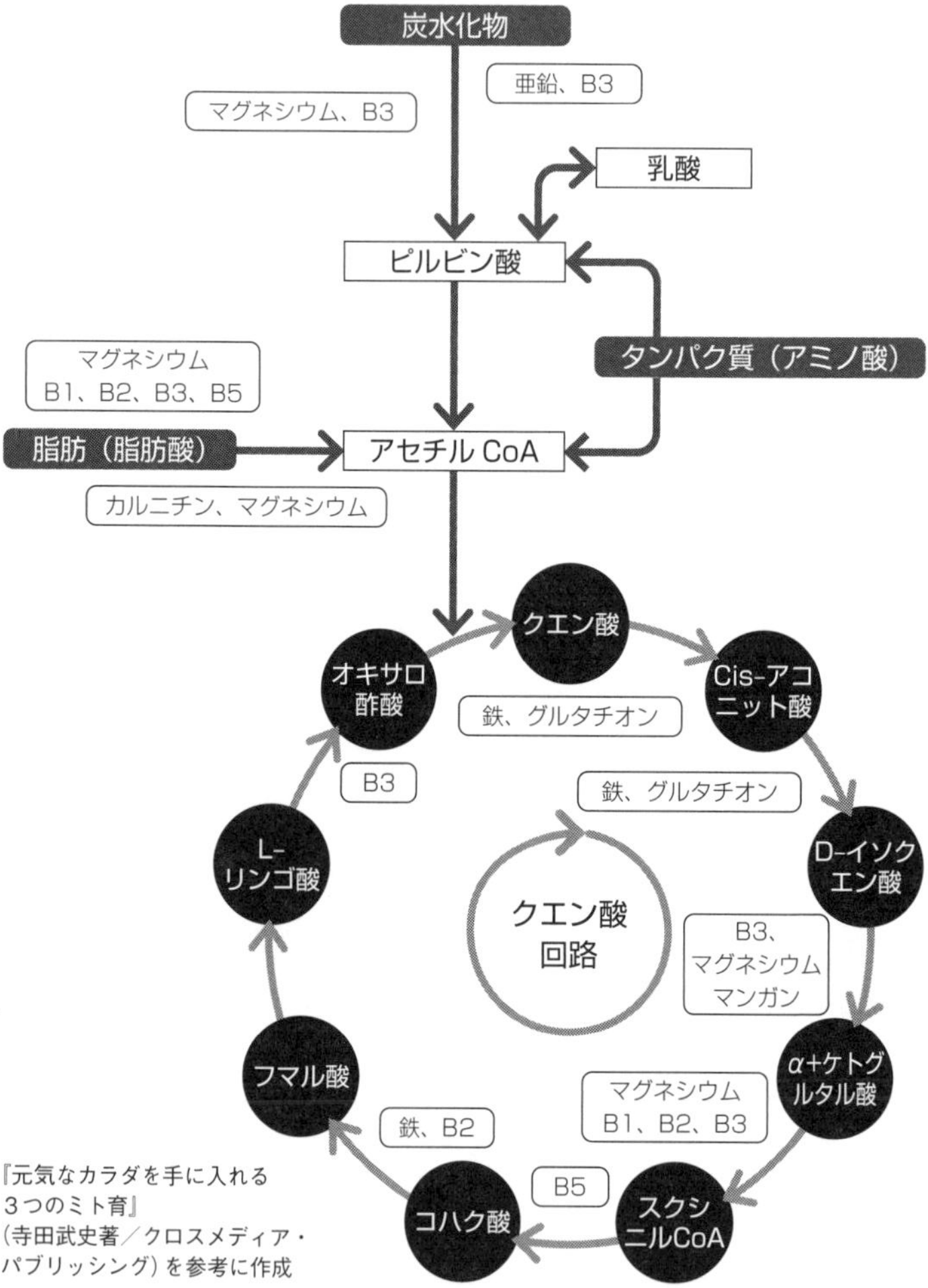

『元気なカラダを手に入れる
3つのミト育』
（寺田武史著／クロスメディア・
パブリッシング）を参考に作成

す。世の中では反抗期とも呼ばれています。身体が大人になろうとするときは身長が伸びます。身長が伸びるということは骨や血管、筋肉が成長するということ、それらの成長にビタミンもミネラルも持っていかれます。同じ時期に女子は生理が始まります。出生時にお母さんから十分に鉄をもらってこなかった思春期女子の場合、生まれたときから鉄不足の状態にあり、その状態から生理によって鉄の喪失が始まります。1回の生理で経血によって失われる鉄の量は約30mg。30日周期で生理が来るとすると、平均1日当たり1mgの鉄を失う計算になります。さらに部活で汗をかくと、汗からも鉄が失われます。陸上やバスケット、バレーなどでは、着地の衝撃で赤血球が壊れて鉄を失います。この頃、自分の外見も気になりだします。体重に敏感になって、やみくもに体重を減らそうとしたり、細ければ細いほどいいという歪んだダイエットに走ったりします。

ダイエットでエネルギーが不足するので、手早くエネルギーに変わる糖を欲しくなります。甘いお菓子を欲してしまいます。食事、ご飯などから糖を満たせばいいのですが、食事の量は減らそうとします。いろいろな栄養素が不足し始め、もちろん鉄もさらに不足します。頭痛やイライラ、ダルいなどの症状が出始めるのに、病院で通常の血液検査や脳外科の画像診断をしても異常が見つからず、「自律神経の乱れ」とか「急激に身体が大人になったので、ホルモンが変化したため」とか、あるいは「ストレスのせい」などと診断されることが多い。通常の血液検査で貧血を調べる時には、主に以下の項目がチェックされます。

ヘモグロビン濃度（Hb）、赤血球数（RBC）、ヘマトクリット値（Ht）

これらの検査結果に異常がなくても、体内の鉄の貯蔵量を示すフェリチン値が低いと、貧血に似た症状が現れることがあります。フェリチン値は通常の検査項目に入っていないことがほとんどです。フェリチンは、体内の鉄分がどれだけ貯蔵されているかを示す指標で、この値が低いと鉄欠乏状態を示しています。鉄欠乏状態になると、疲労感、倦怠感、集中力の低下など、貧血に似たさまざまな症状が出ることが知られています。

このイメージとしては、次のお給料日まであと2週間、財布の中に1万円（ヘモグロビン濃度　赤血球数　ヘマトクリット）あるとします、財布の中の1万円が全てなのか、財布の中に1万円、引き出しにも1万円（貯蔵鉄：フェリチン値）あるのでは、切迫感が違いますね。それです。

ダイエットせず、〝ちゃんと〟食事をしているという前提で、食事から1日に10～15mgの鉄を摂取すると、その1割程度の1mgが吸収されます。そしてうんちやおしっこ、汗などで失われる鉄も1mgで、ドローです。ところが思春期以降、更年期になるまでは、さらに毎日1mg喪失。なので貧血症状が出やすい。しかし、怪我などで短期間に出血するのとは違い、毎日毎日少しずつ少しずつ鉄が失われるので、自分の不調に慣れてしまい、それが普通の体調と考えられていることが多い。自分の貧血状態に気づかないまま妊娠すると、生まれてくる赤ちゃんも貧血となってしまいます。

鉄不足の多くは貧血にまで至らないので、赤血球に含まれるヘモグロビンは正常（ヘモグロビンに問題があるときは、食事を整えるでは間に合わない）。

鉄不足になる理由は鉄の摂取不足、吸収不足。パンやパスタ、ご飯などの糖質中心で肉や魚の摂取が少ない、胃酸が少なく、鉄を吸収しやすい形にできない、あるいは腸管に炎症があって、鉄が吸収しにくくなっていたり、鉄がうまく運べなかったり、必要とする場所に鉄が欠乏したりしているとき。

炎症というと、痛みがあったり見るからに赤くなっていたりするイメージですが、ここでいう炎症は、痛みを伴っていない微細な炎症を指しています。食事のときにパン、パスタ、食後にケーキ、おやつに甘いフラペチーノなどを飲んだり食べたりして糖質過多になると、それが腸管の炎症や脂肪肝の原因となり、炎症体質につながります。

ここで腸に炎症があるかもチェック。

- 便秘や下痢をしやすい
- お腹が張りやすい
- 食べ過ぎやすい
- そんなに食べていないのに胃もたれする
- 早食い
- 抗生剤や鎮痛剤、ピル、下剤をよく飲む

●胃酸抑制剤をよく飲む
●腸の病気になったことがある
●野菜、きのこ、海藻をあまり食べない
●お菓子、ジュース、パン、パスタ、うどんなどをよく食べる
●コンビニの弁当や惣菜などをよく食べ自炊はあまりしない（添加物の摂取が多くなる）
●お酒をよく飲む
●精神的なストレスが多い

当てはまるものが多いほど腸に炎症があると考えられます。

ビタミン、ミネラルは主に腸粘膜から吸収されますが、炎症があると吸収低下が起きます。

特に鉄に関しては、吸収障害、利用障害が起きます。炎症があると、身体は「細菌感染した」と勘違いをして、細菌が大好きな鉄を血中に流すのを止めることで細菌に対抗しようとします。そのため、鉄不足を改善しようと鉄サプリを

摂っても、その鉄を吸収したり必要な場所に運んだりできず、鉄はあるけど使えないという状態になります。また炎症体質の人が単純に鉄サプリや鉄剤を飲むと、鉄は腸から吸収されず、余った鉄が活性酸素の原因になったり、腸にいる有害菌の餌になったりして、さらに腸に炎症が起きやすくなってしまいます。鉄不足だから、鉄サプリを摂ればいいね、というものではありません。まず、炎症体質を治しましょう。そして鉄分やタンパク質が豊富な食品を摂りましょう。そして腸に優しい食べ方をしましょう。

腸に優しい食べ方とは

①グルテン、カゼインを避ける。グルテンは小麦に、カゼインは牛乳に含まれるタンパク質で、多幸感をもたらしますが、腸内環境を悪化させたりイライラや憂うつの原因になります。

②同じタンパク質を食べ続けない。ローテーションで(遅延型アレルギーの原因になります)。

③よく噛む。これにより唾液や胃酸分泌も促進。胃腸にかかる負担を減らすことができます。また満腹感が得られ、食べ過ぎを防ぎます。
④精製糖や果糖ブドウ糖は避ける。腸の悪玉菌の餌になります。
⑤リラックスして食べる（副交感神経優位で消化液もたくさん出てくれる）。
⑥早食いを止める。

ぜひ鉄欠女子から脱出してこころも身体も元気、クエン酸回路もぐるぐる回してATPをじゃんじゃん作りましょう。

自律神経のバランス、こころと腸はつながっている

病院での検査では何の問題もないのに謎の不調があるとき、何が大事って、腸

が元気に消化吸収してくれているかどうかということ。

大事な試験が控えていたりストレスが続いたりすると、腹痛や下痢、便秘になったりします。試験のドキドキやストレスはこころの問題なのに、こうした症状が現れるというのは、こころと腸が自律神経で相互に作用している証拠です。腸脳相関といいます。自律神経を安定させるためには〝良質な血液〟が〝スムーズに流れる〟ことが大事です。

良質な血液を作るためには、腸でしっかり栄養素の吸収が行われなければなりません。食べ物が消化されたあと、小腸で栄養素や水分が吸収され、大腸に移動して残りがうんちとして排出されます。この腸内の移動は、腸が伸び縮みする動き、ぜん動運動によって行われます。腸が元気でぜん動運動が活発なら、栄養素は腸壁でしっかり吸収されて、残りはスムーズにうんちでさようなら、ですが、腸内環境が悪いとぜん動運動が低下し、水分だけが吸収されて便秘に。

うんちやおならが殺人級に臭い、お腹が張るなどの場合には、腸内環境が悪化している可能性があり、栄養吸収も悪くなり血液の質も悪くなり自律神経のバランスも乱れてしまいます。

自律神経は交感神経と副交感神経のバランスで働いていますが、腸を動かすのは主に副交感神経です。副交感神経の働きが悪いと腸が動かない、腸内環境が悪いとぜん動運動が悪くなる。つまり、腸内環境と自律神経の両方とも整えないと、しっかりとした栄養素の吸収ができません。

自律神経が安定しない⬇腸が動かない
⬇良質の血液が作れない⬇自律神経が安定しない

負の輪っかができてしまいます。

食事を抜くこと、少ししか食べないことも自律神経を乱します。

腸内環境を整えるには、食事のタイミングや回数も大事になってきます。ダイエット中だと2食や1食にしたいかもしれません。食事をすることは腸への刺激を与えることにもなります。食べることにより、腸が動くスイッチが入ります。1回や2回では刺激が足りませんが、逆にしょっちゅう食べていると、腸も疲れてしまいます。腸に適度な刺激と休息を与えるためには、1日3度の食事がベストといわれています。

また食事間隔は6時間以上空けるのが理想的。食べたものは約6時間で消化されるので、腸は休息することができます。前日の晩ごはんと次の日の朝ごはんの間を9時間くらい空けると、腸は排泄の準備を整えることができます。腸はメンタルの影響を受けやすいので、楽しんで美味しく食べることが大事です。身体にいいとされる食事も、めちゃめちゃ不味いとストレスです。また、厳しいダイエットであれも我慢、これも我慢など、ストイック過ぎるのもストレスになります。ストレスは腸内環境を悪化させ自律神経を乱します。自律神経の乱れは、冷え性、疲れが取れない、イライラする、眠れない、など、こころや身体にいろいろな症状を起こします。その主な要因は血流の悪化といわれています。交感神経が過剰に高まると、血管が収縮して血流が悪くなります。副交感神経の働きが低下すると、血流が改善されず脳や内臓もダメージを受けます。血流が悪くなると、身体が冷えて体温が低くなります。体温が低くなると免疫力が低下して、風邪や感染症にかかりやすくなります。筋肉へ栄養が届きにくくなるので肩こりに、長期に血管収縮が続くと高血圧に、血流の悪さから血管内皮が傷ついて動脈硬化に、血栓ができれば脳梗塞や心筋梗塞になるなど、命に関わります。自律神経は自分ではコントロールできませんが、自律神経のバランスが整うように働きかける方法はあります。

睡眠不足や夜更かしは交感神経を高めてしまいます。食事の時間が不規則だったり、栄養バランスに偏りがあったりという食生活の乱れは、自律神経のバランスを乱します。自律神経の原料になる栄養素はタンパク質です。それも肉や魚、卵などに含まれる良質な動物性タンパク質です。無理なダイエットでは、この良質なタンパク質の摂取量が少なくなってしまいます。

運動も効果的です。イライラしているときは軽い運動で血流を上げることで副交感神経が高まり、また、やる気が出ないときは、早足で歩くだけでも適度なストレスがかかって交感神経がいい感じで高まります。過度なストレスは交感神経を優位にしますが、全くストレスがないのも自律神経を乱す原因になります。人はストレスを感じると交感神経が高まり、無意識のうちに呼吸が浅くなります。そんなときはゆっくりとした深い呼吸を意識して行うことで副交感神経が活性化されて、血行を良くすることができるそうです。背筋を伸ばし、やや上向きで3

〜4秒かけて鼻から息を吸って、6〜8秒かけてゆっくり口から吐き出す。1クールで12秒かかるので、1分で5クール。3分行うと、呼吸しているだけなのに何だか気持ちが落ち着いて、身体がポカポカしてきますよ。

血行がよくなると、酸素や栄養素が身体のすみずみまで効率よく運ばれ、不要な老廃物の排出もスムーズになります。

適度な運動、バランスのとれた食事、十分な水分摂取は健康的な血行を支え、自律神経を安定させてくれます。

第5章

かわいい かわいい
私のこころと身体のために

痩せたい！　綺麗になりたい！　健康になりたい！

いろいろお話をしてきましたが、「痩せたい」「綺麗になりたい」「健康になりたい」のなら、結局何をしたらいいの？　ということになりますね。

まずはグルテンフリーとカフェインフリーで。

グルテンとは、小麦・大麦・ライ麦など麦系の穀物に含まれるタンパク質の一種。パンや麺類、多くの加工食品にも含まれており、食品の食感を良くするために、あらゆる種類の加工品に使われています。グルテンを含む食品はパン、ラーメン、パスタ、うどん、あんまん、カレーやシチューのルー、ピザ、ケーキ、スナック菓子、ドーナツ、冷凍食品、など多くの加工品。

グルテンに対する身体の反応は人によって違います。有名なテニスプレーヤーはグルテンフリーにしてから、体調が良くなり人生が激変したと言っています。今、話題の大リーガーの彼も、グルテンはとらないように気をつけているそうです。グルテンを摂取したからといって、必ずしも不調が出るわけではありませんが、いつもあるあの不調の原因の一つがグルテンかもしれません。

たとえば、

- 疲れがとれない
- 常に身体がだるい
- 頭痛や肩こりがある
- 関節痛がある
- 腹痛・下痢や便秘を繰り返す
- つい食べすぎてしまう
- 食後に膨満感や胃もたれがある
- アトピー、ぜんそく、花粉症などのアレルギーがある
- 肌荒れや乾燥肌に悩んでいる

・集中できない
・イライラする
・生理不順や重い生理痛がある

「2週間で体が変わるグルテンフリー健康法」溝口徹　より引用

グルテンに敏感な人が自分がグルテンで体調不良を起こしていることに気づいていないことがあります。グルテンによる体調不良は、前述のようにいろいろな症状を引き起こすため、原因として特定しにくく、また、グルテンが含まれる食品は非常にたくさんあるため、日常的に摂取していることが多く、その関連性に気づかないことがあります。

先に書いたテニスプレーヤーは、グルテンによってアレルギー症状により小腸粘膜に炎症が起き、ダメージを受けてしまうセリアック病という病気でした。小腸の粘膜がダメージを受けると栄養の消化吸収がうまくいかなくなってしまいます。セリアック病ではなくても、グルテンに免疫が過剰反応してしまうグルテン過敏症や、小麦アレルギーではないのにグルテン含有食品で消化器系の不快症状がでるグルテン不耐症という状態もあり、チェックリストのような不調が出やすくなります。セリアック病は血液検査でわかりますが、グルテン不耐症はわかりません。まさか小麦が原因？　小麦で腸に炎症？　とは思いもよらないかもしれません。また、小麦は精製されていることや加工されていることが多いため、パンだけ、うどんだけ、パスタだけ、など小麦製品単品だけで、食事とすることができるため、一気にたくさん食べて、血糖値の急上昇も引き起こします。血糖値の乱高下があることでも不調が起きやすくなってしまう原因になります。また小麦製品は一度にたくさん食べることができてしまうため、食べすぎたり、体脂肪が増える原因にもなります。

一生、パンやパスタが食べれないということではありません。加工品にグルテンが含まれている時は食品添加物にグルテンという表示があり、原材料に小麦や大麦という表示があります。でも原材料や添加物のチェックまでは慣れていないとなかなかできません。まず、2週間、パンやパスタ、肉まんなどわかりやすいものをやめてみる、毎日食べてるパンを1日おきにする、パスタランチを和食定食にする、スナック菓子は一袋食べないなど、ゆるゆるグルテンフリーからはじめましょう。

小麦を控えることで腸への負担を減らし、腹痛や膨満感、下痢、便秘、おならなどのお腹の不調が減り、栄養の消化吸収も良くなるかもしれません。また、免疫の正常化によってアレルギー症状が軽くなることも考えられます。

グルテン摂取により、血糖値が乱高下したり、腸の炎症により栄養が吸収できず、栄養不足により頭がもやもやするとか、考えがまとまらない、記憶力が落ちる、集中力がない、など頭に霧がかかったような状態になることもあります。グルテンフリーで、頭がスッキリするかもしれません。

「小麦は食べてはダメ」という強い気持ちで、必死になりすぎると、食べた時に罪悪感が生まれます。どうせ食べるなら幸福感で食べましょう。極端に控え過ぎないのもポイントです。極端にやり過ぎると、久しぶりにちょっと食べただけで具合が悪くなったり、小麦は依存性が高いので、一口、くちにしただけで、堰を切ったように食べてしまいかねません。ゆるゆるで段々と小麦を控えれるようになるのが理想です。

カフェインフリーもすすめます。

カフェインは世界中で広く消費される刺激物で、コーヒー、紅茶、緑茶、ほうじ茶、コーラ、エナジードリンクなどに含まれています。カフェインには利点と欠点の両方があり、個人によって異なる反応を示します。

カフェインの良い点は、中枢神経を刺激し、集中力を高めたり、一時的に疲労感を減少させてくれます。運動のパフォーマンスを高めるという研究結果もあります。

では、悪い点はというと、不安やイライラ、神経質になったりと不安障害を起こしたり、入眠困難や中途覚醒など睡眠の質を落とします。心拍数を増加させることもあります。また、定期的な摂取は身体的な依存を引き起こすことがあり、カフェインの摂取を止めると頭痛やイライラなどの離脱症状が出ることがあります。

低血糖状態、睡眠不足状態、セロトニン、ノルアドレナリン、GABAなどの神経伝達物質のバランスの乱れや、自律神経の乱れ、これらの乱れの原因となるオメガ3脂肪酸、ビタミンB群、マグネシウム、鉄などの栄養素不足、コルチゾールの過剰な分泌、完璧主義や自己評価が低いなどの思考、これらの状態は日常的にいろいろな出来事が影響しストレスを感じることで起こり、そして、不安障害に関与しています。

この状態でカフェインを摂取してしまうと、ますます不安障害がひどくなってしまいます。ストレスの多い人こそ、一度、カフェインフリーを試すといいと思います。カフェインフリーもグルテンフリーと同様、急にぱったりやめたりせず、数回飲んでいたものを、少しずつ減らしていきましょう。

グルテンフリー、カフェインフリーをやりながら、カロリーはむやみにおとさない、しっかり噛む。食べ物の原型がなくなるまで噛むと、唾液ともしっかりとコネコネされて食中毒の予防になります。

また、咬筋など筋肉を使うので、お顔まわりもシュッとします。そして、しっかり噛めるよう歯の定期検診に行きましょう。どんな大きなむし歯も最初はとても小さなむし歯です。それを見つけるか見つけないかで、リピートレストレーションサイクルにのるのかのらないのかがかわってきます。もちろん、毎日の歯みがきが最重要です。

最近指摘されているのは、歯磨きの腸内環境への影響です。この本を手に取っている人なら、〝腸活〟って聞いたことがありますよね。食生活に気をつけて、腸内環境を改善しようとこころがけている人は多いと思います。ただ、腸が元気になったからって、痩せるわけではありません。なぜなら、ダイエットの基本はカロリー収支。腸内環境が良くても、カロリーオーバーしていると太ります。しかし、腸が元気であれば、いろいろな病気を予防することができます。肥満、糖尿病、動脈硬化、脂肪肝、生活習慣病やがんといった、将来的に問題になってくる病気は、口腔内細菌の乱れでも起こるし、腸内細菌の乱れでも起こります。大腸がんも、歯周病菌が原因になることがあります。

メタボリックドミノを知っていますか？　メタボリック症候群の危険因子が連鎖反応を起こすという考え方で、そのスタートとして、口腔内の健康が重要な役割をはたすとされています。

食べ物は必ず口を通って腸に入っていく。ダイエットで食べる量が少なくなり、胃や腸がしっかり動かせないと、口腔内の細菌や食べ物についている細菌の殺菌ができません。歯周病菌も殺菌されず、腸まで生き延びて、腸内細菌叢を乱してしまうと考えられています。サプリやヨーグルトなどの発酵食品、食物繊維などによるせっかくの腸活を台無しにしたくないですよね？　歯を失わないためにも、腸活のためにも、元気のためにも、歯磨きをきちんと行うことがとても大切です。

自律神経を整えるブドウ糖

自律神経を整えるといえば、睡眠？　呼吸法？　運動？　マインドフルネス？どれもとても有効です。しかし、何よりも最初にすることは、食事を整えることによる血糖値コントロール!!!!!　P146にも自律神経を安定させるのは〝良質な血液〟が〝スムーズに流れる〟ことが大事と話しました。

血糖値とは血液中のブドウ糖の量のことです。ブドウ糖は私たちが一番使いやすいエネルギーです。血糖値を整えると聞くと、それは糖尿病の人がやること、と思っていませんか？　逆ですね。血糖値が整わない期間が長くなると、糖尿病になります。糖尿病だから血糖値を整えるのではなく、糖尿病予防のために血糖値を整えるのです。そして血糖値を整えることが自律神経を整えることになります。意識せずとも、身体の中で勝手に血液中のブドウ糖を一定にしてくれていることで、私たちは生きています。ところが、カロリー制限などで糖が身体に入ってこなくなり、血液中のブドウ糖が少なくなるという低血糖状態が続くことは、身体にとっては緊急事態。災害発生時に「命を守る行動をしてください」という呼びかけが行われますが、まさにそれ。実は身体には、ブドウ糖以外（脂肪やタンパク質）からエネルギーを作る仕組みがあります。でもその仕組みは緊急用なんです。それを使うこと自体、身体には負担になります。自律神経が整っていないと、血糖値をコントロールする働きが弱まってしまいます。低血糖になったとき、身体はどんな反応をするか。

◆低血糖を膵臓の細胞が感知

⬇グルカゴン分泌

⬇肝臓でグリコーゲン分解、ブドウ糖を放出

◆まだまだ低血糖が続く

◆低血糖を脳が感知

●副腎髄質では

⬇交感神経の活性化

⬇アドレナリン分泌

⬇アドレナリンでさらに交感神経刺激

●副腎皮質では

⬇コルチゾール分泌

⬇血糖値上がる

血糖値コントロールができないと、身体は常に交感神経を刺激し、自律神経のバランスが乱れることにつながります。アドレナリンというホルモンは、狩りで闘うときや逃げるときにドバッと出るホルモンに例えられることが多いです。狩り？　狩りなんて想像できないという人は、これなら想像できますか？　カフェで友達とのんびりフラペチーノを飲んでます、そのとき、血走った目でサバイバルナイフをちらつかせる人が入ってきたらどうしますか？　さすがに闘う人はいないと思うけど、まず逃げるという行動に出ませんか？　あるいは、恐怖で動けないか？　そのときに出るホルモンがアドレナリンです。そんなホルモンがしょっちゅう出てるって、身体が持たないですよね。だから、低血糖が続くと交感神経が常に優位になって身体に力が入り、疲労感でいっぱいになります。やる気が出なかったり、理由のない不安感があったり、イライラしたり、人のやることが気になり過ぎたり、感情の起伏が激しくなったり、肩がいつもこっていたり、ソワソワしたり、落ち着かなかったり、歯を食いしばったりなどの症状が出てきます。低血糖状態だから、甘いものも異常に欲しますよね。異常に欲するけれど、身体は戦闘モード、あるいは逃走モードなので、食べている場合ではない。胃腸は動かないし、消化酵素も出ないし、食べても吸収できません。

話はそれますが、歯科治療を異常に怖がる人は、低血糖というのも理由の一つではないかと思います。そのときたまたまお腹が空いているなら、何か食べてきたら？　歯磨きはこちらでしますよ、で解決だけど、常に低血糖で自律神経が乱れている人だと、恐怖心と、不安感と、痛いことをやられるという被害者感と。そしてそれがトラウマになる……。血糖値コントロール、大事過ぎる。

そもそも、どうして血糖値コントロールができなくなるのか？　理由の一つはインスリン抵抗性。ブドウ糖は血液中から細胞内に入って、いろいろな反応を経てATPとなって、活動に使われます（P60［図A］参照）。ブドウ糖が血液中から細胞内に入るときに、細胞に「ブドウ糖です、入れてください」って、ピンポンするのがインスリンの役目ですが、ピンポンしたのにドアがなかなか開かず、細胞内にブドウ糖が入れず、血液中にブドウ糖がウロウロしている状態がインスリン抵抗性。まだブドウ糖が血液中にあるので血糖値は下がらず、インスリンがどんどん放出されたあとに今度は血糖値が下がり過ぎる状態になり低血糖に。インスリン抵抗性になる理由は、糖質過多と長期にわたる糖質制限。糖質過多は、ラーメンとライスのような忙しい中年のおじさんの食事のイメージ。あるいは女子会ランチ。パスタにパン、食後のスイーツ。長期間にわたり糖質が過剰に摂取されると、細胞が過度にインスリンに刺激されてその反応が鈍化します。長期の糖質制限では、糖摂取が少なく、そんなに糖を処理しなくていい状態が続き、糖質処理能力が落ちて、ブドウ糖を細胞内にうまく取り込めなくなります。すると必要以上にインスリンが放出されて、必要以上に糖は細胞に入るので血中の糖が必要なレベルを保てず、低血糖を起こしてしまい、甘いもの欲求が高まってしまいます。糖質制限を何度も、あるいは長期にしてしまった、糖の代謝に問題がある人は、みかん一房でも乱れることがあります。本当に少しずつ、身体が「糖摂取が増えた」と気づかない程度から摂取量を増やしましょう。回復には年単位でかかるのが普通です。血糖値が回復してくると、自律神経も回復してきます。焦らずゆっくりやりましょう。そして、ちょっとした食べ過ぎや、小さなケーキやフルーツの摂取で血糖値が乱れない身体を目指しましょう。

血糖値コントロールができなくなるもう一つの理由は、コルチゾール不足。コルチゾールには血糖値を上げる、炎症を抑える、甲状腺ホルモンを活性化する、免疫を抑制するという働きがあります。コルチゾールはストレスで分泌されるホルモン。慢性的なストレスがあったり、身体のどこかに慢性炎症（歯周病や高血圧なども含まれる）があったりすると、長期にわたって高レベルでコルチゾールが分泌され、脳疲労を起こします（P106〜P107参照）。脳疲労状態とは、記憶や集中力が影響を受けたり、情緒のコントロールができなくなったり、常に不安感や抑うつ状態になったり、持続的なストレスがエネルギー代謝を妨げ、常に疲労感を感じたり、睡眠の質が悪化したりする状態です。そして、ついにはコルチゾールが十分に分泌できなくなるので、常に低血糖状態になります。ストレスがあると、コルチゾールだけではなくアドレナリンの分泌量も増えるので、ずっと交感神経優位になります。空腹を我慢する、食べるものに厳しい制限をつける、無理にきつい運動をする、納得していなくても、しているフリをする、気持ちをおさえる我慢をするなどどれもストレスにつながります。〝歯を食いしばる〟ような我慢や頑張りではなく、毎日できることを習慣的にやっていくことが大事です。

運動はやった方がいいよ

基礎代謝が落ちてきたから、筋肉をつけるために運動でもしようかな、といってできるものではありません。体力のある若いうちに身につかなかった運動習慣、基礎代謝が落ちる年代になって習慣づけることはかなりハードルが高い。筋肉を落とさないぐらいのことができれば上出来です。また、空腹で運動すると痩せるような話もありますが、空腹で低血糖になっている状態で身体を使うと、負担にしかなりません。あっという間に痩せる、そんなキラキラな運動もありません。体格や歩くスピードにもよりますが、1万歩歩いて消費するカロリーは300〜400kcal程度、かかる時間は2時間程度です。これをいいと思うか割に合わないと思うかは、あなた次第です。ただ、こんなに時間をかけてこの程度なのか、運動なんてしなくていい、ということにはなりません。運動はできるならやった方が、健康的にもダイエット的にも良いことには間違いありません。運動することで、血液中のトリプトファン濃度が増加（他のアミノ酸より早く脳に供給されるので）し、脳内の「セロトニン」合成が促進され、放出が増加します（P91［図B］参照）。

メンタルや食欲を安定させるホルモンであるセロトニンが運動して増えると、食欲が落ち着くので、食べ過ぎの抑制ができます。食べ過ぎ傾向のある人は、痩せるということも期待できます。また、運動している自分→健康意識が高い自分→そんな意識の高い自分なんだから身体にいいものを食べようという意識が働く、コーラをやめて無糖の炭酸水にする、ポテトチップスをやめてフルーツにする、食事に気を使う、という一連の行動変容がおきます。そうすれば自然と摂取カロリーを調節できるようになり、痩せる効果を期待できます。このようなこころの動きは、「一貫性のバイアス」といわれ、人は自己の行動や選択が一貫していると感じたいという心理的な傾向があり、自分のアイデンティティーや価値観に合致する選択を好む傾向があります。運動している自分を健康意識が高いと認識すると、それに沿った選択をすることで、自己の行動の一貫性を保とうとする心理が働きます。このような「揃えたい願望」は、自己のアイデンティティーを強化し、自己満足を得るために、多くの人に見られます。

またセロトニンは睡眠にも良い影響を与えます。運動には、身体に疲労感をもたらし、入眠しやすくする効果があります。特に有酸素運動には、睡眠の深さを増す効果があるといわれています。食欲が落ち着き睡眠も安定すると、自律神経が整います。

もう一つ、運動の素晴らしい効果、それは、何と若返り!!!!

適度な運動は「テロメア」の短縮を遅らせる、あるいは維持する可能性があるといわれています。また運動がストレスの低減や酸化ストレスの軽減をもたらし、これがテロメアの保護をするともいわれています。テロメアとは染色体の端に位置するDNA領域で、細胞の老化や寿命に関与しています。細胞が分裂するたびにテロメアは短くなり、最終的に細胞分裂が不可能になることが老化の一因と説明されています。肌のたるみやしわ、くすみ、白髪などの老化現象には、このテロメアが関係していると考えられています。細胞内にあるテロメアが加齢で短くなると老化が進んでしまうけれども、個々の遺伝子的要因や生活習慣、運動の種類などもテロメアに影響を与えるので、結果は個人によって異なります。健康的な生活習慣を身につければ老化を遅らせる効果が期待されます。

痩せて、若返るなんて、みんな大好物でしょ。

ちゃんと睡眠

睡眠不足で、食欲調節ホルモンであるレプチンとグレリンのバランスが乱れます。レプチンは満腹感を促進し、グレリンは食欲を刺激する。睡眠不足が続くと、レプチンが減少し、グレリンが増加する。基礎代謝も低下させるので、同じ食事を摂っても体重が増えやすくなります。インスリン感受性も低下し、血糖コントロールが悪化する可能性があります。これにより血糖が不安定になり、空腹感や食欲の増加につながります。

食事も運動も、睡眠も、どれも、毎日、コツコツ積み重ね。

地味〜ぃ。キラキラ要素なし。

食事を整え、栄養を摂ることが、「痩せたい」「綺麗になりたい」「健康になりたい」という欲求全部につながります。結構ざっくりしてるなーって思った人いますか？　健康になることも、痩せることも根は一緒。栄養を整え身体が整うと、予想外に太ったり、肌が荒れたり、疲労感が抜けなかったりということがなくなっていきます。

「痩せたい」「痩せたい」とばかり考えていると、あれもこれもカロリーが高い、あれもこれも食べれないとなり、エネルギーは不足してくる、栄養素も偏ってくる、身体も疲れる、身動きが取れなくなります。身動きが取れない思考回路は、自律神経を乱します。

最近は、インターネットやSNSなどで、健康情報が簡単に手に入ります。しかし、簡単に手に入り過ぎて、どれが正しいのか、どれが自分に必要なのか、何を信じていいのか、情報を集めれば集めるほど、結局どれ？　っていう気持ちになってきませんか？

また、インターネットでの情報収集には、ミスリードされてしまうという可能性もあります。多くのネット環境では、ネット利用者の検索履歴やクリック履歴を分析して学習し、その利用者が〝見たいであろう情報〟を〝優先的に表示するように〟なっています。見たいであろう情報だけでなく、すでに〝着地点まで決めてくる〟。こうして人は〝見たい情報だけを見るようになる〟。そして〝その考えの反対の情報〟は表示されづらく、目にする機会が減り、反対の考えが存在することさえ気づかなくなり、偏った情報が集まりやすくなってしまいます。そしてあたかも、その考え方が全てだと思うようになります。

テレビで、〝○○に効く食材〟と放送された翌日は、その食材が一挙に売り切れになったりします。身体にいいとか悪いとか、毒になるとか、この本を手に取ってくださった人はみんな、そんな情報に敏感じゃないかな。そして、悪いとか毒だとかと言われれば、その食材を食べないようにするし、いいと言われれば、例えその食材が苦手でも頑張って食べようとする。そして、下手をすると、その食材ばかり食べようとする。そんな情報を知ってしまったばかりに、いいと言われた食材を食べないと病気になるのではと不安になったり、心配になったりしてとても気を使う、楽しく美味しく食べる時間からは程遠い、修行みたいな時間になってしまいます。そして栄養が偏ります。消化や代謝は自律神経に支配されています。不安になったり気を使ったりすると、交感神経が優位になって自律神経が乱れます。唾液は出ない、胃腸は動かない、無理をしてせっかく身体にいいものを食べているはずなのに、その栄養が吸収できないとなると、え、何してんの？　ってことになってしまいます。

いいことをやっていると思っているのに結果がおかしなことになるのは、食材だけではありません。やり方も同じです。例えば糖質制限。ダイエットといえば糖質制限、というぐらい、ダイエットをした人は誰もが一度は通る道となっています。糖質制限、よかれと思ってやったのに結果としてインスリン抵抗性になってしまったり……ね。

糖質と炭水化物は同じ??

ここで確認をしておきます。糖質制限といいながら、炭水化物制限になってはいないですか？　糖質と炭水化物の違いを、はっきりさせておきましょう。

糖質＋食物繊維＝炭水化物です。

炭水化物とは穀物（米、小麦、オートミールなど）、豆、野菜、果物、芋、春雨やくずきりといったでん粉類。

米やうどんやパスタは食べないけど、食物繊維の多い芋や豆はしっかり食べるよ、と言う人に出会ったことがありません。主食を減らす多くの人は、芋も豆もそんなに食べてはいない。つまり、糖質制限といいながら、糖質だけでなく食物繊維も制限してしまっている、炭水化物制限をしていると考えることができると思います。細かいことを言うとややこしくなるので、ここでは、糖質制限＝炭水化物制限とします。

主食（炭水化物）をやみくもに減らすと、腸内環境に大事な食物繊維まで減らしてしまいます。

腸内環境が乱れると痩せるどころか太ってしまいます。

「そんなに食べてないのに、痩せない……」

聞いたことがありますね。もしかしたら、言ったことがある？

糖質制限ダイエットをして、あっというまに5kgぐらい痩せても、リバウンド、そして、もっと根性が入った糖質制限ダイエットへ……。糖質制限をすると、一時的に体重が減っても、数ヶ月、数年単位でみるとほぼ間違いなく太ります。

糖質制限で太る、体調が悪化するわけ

糖質制限をすると、食事から糖質が入ってこないのでエネルギー不足になります。糖質制限期間が長ければ長いほど、ストレスから交感神経優位の期間が長くなります。胃腸機能も落ちてきます。タンパク質や脂肪も消化できず食べられないという状況になり、さらにエネルギー不足になります。糖質が入ってこない場合、脂肪からのケトン体をエネルギー源にするという話があります。ケトン体は、通常、糖質が制限された状態や飢餓状態、低炭水化物ダイエットなど緊急事態時に生成されます。ケトン体は活性酸素を発生させないので、身体の中のクリーンエネルギーともいわれています。ただし、ケトン体の生成の初めには、身体の代謝過程の変化にともない体内の水分と一緒にナトリウム、カリウム、マグネシウムなどのミネラルも失われることがあります。

また、誰もが同じようにケトン体への代謝への適応ができるわけではなく、個人差があるので、体調を崩すこともあります。そんな緊急事態になると稼働し始めるケトン体で対処するのではなく、エネルギーは糖質からと考えましょう。糖は身近にいっぱいありますから。エネルギー不足になると、身体はエネルギーを補おうと食欲を刺激するので、最終的に食べ過ぎになりがちです。朝ごはんを抜くとお昼を食べ過ぎになりがち、頑張ってお昼も軽くすると、おやつのドカ食いをしがち。それだけではなく、エネルギーが不足すると、身体はエネルギーを節約するために甲状腺機能を低下させ、代謝を落とし省エネ仕様にします。エネルギーを作るサイクルでは鉄が必要（Ｐ１３８［図Ｄ］参照）なので、長期にわたる鉄不足でも、同じように甲状腺機能が低下します。食べ過ぎるだけでなく、代謝も落ちてしまうのです。

甲状腺機能が低下すると、代謝が落ちるだけでなく、

- 抜け毛（眉毛も薄くなります）
- 疲れやすい

●脱力感、無力感
●むくみ
●やる気が出ない

などの症状が出てきます。抑うつ状態と似ています。ダイエットしている人で、いつもぼーっとしている人、身体に力が入らない人はいませんか？　甲状腺機能、大丈夫ですか？

さらに、入ってくる糖が少ないと、身体は糖質を処理する必要がないので、糖質処理能力が落ちていきます。糖質処理能力とは、糖質を細胞へ取り込み、分解、エネルギーとして利用する処置能力のことで、それが低くなると、ブドウ糖を細胞に取り込めない、血液中にブドウ糖がそのまま存在し、血糖値が上がるということになります。糖質制限ストレスで、アドレナリンによってすでに血糖値を上げてる状態になっているので、わずかな糖質で高血糖になり、インスリンが大量に放出されて、今度は低血糖に。

糖質制限で糖質の代わりに脂肪を取り過ぎると、体脂肪が増加する可能性があります。脂肪細胞からレプチンという食欲を抑制するホルモンが出ますが、糖質制限などでエネルギーが不足しているときにはレプチンが低下し、食欲が出てしまい食べ過ぎることにつながります。

つまり糖質制限をすると、結局食べ過ぎる、代謝が落ちる、血糖値コントロールができない。太るだけでなく、糖尿病などの病気になります。

こんな感じになりたかったんだっけ？

省エネ仕様をもどす

もう少しお話をすると、副腎から出されるコルチゾールというホルモンは、炭水化物が不足すると、タンパク質や、グリセロールを使って糖新生を行い、血糖値を安定させようとします。糖質制限を厳しくやればやるほど、コルチゾールが使われ続け、やがて出なくなってきます（P106～107HPA軸の話参照）。コルチゾールには、抗ストレス作用もあるので、糖新生のために使い切ってしまったらストレスにも対抗できなくなります。

過呼吸やパニックも起きやすくなります。他にも、疲れやすい、うつっぽい、落ち着かない、カフェイン依存、糖質依存、低血糖、不眠などの不調が起こる可能性もあります。これは「痩せたい」「綺麗になりたい」「健康になりたい」からは真逆。

最初は体重が調子良く減って喜べるけれど、時間が経つごとに望んだ姿からは遠ざかってしまいます。

それでも、「痩せたい」「綺麗になりたい」「健康になりたい」になる方法として、糖質制限を続けますか？

これはいけない、と糖質制限をやめようとして、いきなり炭水化物を普通に摂取すると、身体は省エネ状態のままなので、当然体重は増加します。消化機能が落ちているので体調も悪くなります。身体には対応できる量があります。それを超えてくると、体調が悪くなります。一旦、体重は増えますが、徐々に減ってくるはず。わたしの場合は、年齢とともに代謝が落ち始め、3年で3kgと微妙に増量し始めました。このまま増量はヤバいと思い始めた頃、テレビに出ている有名人のあの人もこの人も1日1食だという記事を雑誌やネットで読み、当時、まだ、カロリーが全てと思っていた私は、迷いなくそれに乗った。2kgぐらいすぐに体重が落ちたあと、ピクリとも体重は減らなくなった。でも体調はいいように感じていた。お腹も減ったとはあまり感じなくなった。ラッキーだと思っていました。

アドレナリンのせい、でした。

食べると気持ち悪くなり、お誕生日にもらったケーキが食べられない。好きなフルーツも食べられない、何かがおかしい……。これは得策でないと考え直して1日3食の普通の食事に戻したところ、当然、太る。ここでカロリーを落としても痩せはしないぞと、ビビる気持ちを必死で抑え、カロリー維持。3年くらいは体重は増量し続けて7kgのリバウンド。そして、ようやくここ1年くらいで、2kg減量。カロリーは落としてない、むしろ食べてる。ケーキを食べても、たまにお食事会で食べ過ぎても、1週間程度で体重は戻るようになった。身体が省エネ仕様からやっと回復のきざし。「痩せる」「綺麗になる」「健康になる」の第一歩だと思って、身体の仕組みだから体重増加はしかたない。痩せるお告げと喜んで受け入れましょう。

糖質制限は永遠にできるものでなく、身体はどんどん省エネ仕様になり、どんどん痩せなくなる。我慢はそんなに長くできるものでもないから、必ずいつか糖質制限をやめて糖質を増やすときがくる。若い方が回復が早いので、ぜひ若いうちに糖質制限地獄から脱出してください。

この本を手に取ってくれた人は、〝1kg増えた地獄〟からも脱出してください。1日ではそんなに増えないから、そんなことでストレスを感じてはいけません。

体重計地獄

毎日、体重、量ってませんか？

「痩せるためには毎日体重管理しないと……」

そうですね。でも、逆に体重測定が太る原因になる人がいますよ。

体重測定でさえも、合う人、合わない人がいます。

こんな人は要注意です。

●体重が100gでも増えていたらショックを受ける

●増えていたらすぐさま一食ぬく

●逆に減っていたら安心して我慢していたお菓子などを食べる

まず、毎日体重を量るのはなぜですか？

多分、「毎日体重を確認して、増えていないことで安心したいから」、あるいは「たまに体重を量ったときにすごい増量してたら怖いから」ではないかと思います。

でも、考えてみてください。

1口、あるいは数日の体重変動はカロリーの収支ではなく、水分や便で決まります。

理論上、体脂肪は、7200kcalを余計に食べてやっと1kg増える（ハンバーガー1つ400kcalぐらいだから18個分。そんなに食べた？　フードファイト？）のに対して、水分や便だと1日で2～3kg簡単に変化します。それと比べて体脂肪は1～2週間暴飲暴食しない限り、1kgも変化しない。

糖質が筋肉や肝臓にグリコーゲンとして蓄えられるとき、グリコーゲン1gにつき約3gの水分を保持しています。つまり、炭水化物をたくさん食べると、体内の水分量が増加し、体重の増加につながります。

食事や飲水、運動量、気温などの変動によっても体内の水分バランスが変わります。これが体重の1日の増減が脂肪の増減ではなく水分でひきおこされる理由です。

体重計を見ているだけでは、水分で増えた体重なのか、体脂肪で増えた体重なのかなんてわかりません。でも、1kg増えていたら、慌てて食事を1食減らしたりしませんか？　水分で増えてるだけかもしれないのに。そして空腹になり、余分なお菓子を食べたり、次の食事で食べ過ぎたり。体重がわずかに増えたという理由だけで、さらにカロリーを減らそうものなら、さらにエネルギー不足になって、食べ過ぎや代謝の低下がさらに起こることになります。また、体重が減った前日の行動や食べたもので痩せる認定、逆に増えた前日の食べたものや行動を太る認定することで、間違った考え方や習慣が身についてしまう可能性があります。

毎日同じ時間に体重を測定し、食べたもの、行動、汗の出方、便の量、天気、体調などいろいろなことを長期間記録できる人なら、毎日体重を量る意味がありますが、単に体重の数値に一喜一憂する、体重の数値で1日の過ごし方が変わる(食事や運動量など)という人にとって、毎日の体重測定は気持ちを乱し、振り回されるだけのもので、体重を管理するうえで逆効果になってしまいます。

人間の身体には自然と体重が調整される機能が備わっています。正しい食事や健康的な状態であれば、毎日、体重なんか量らなくてもそんなに簡単に変動しません。体重を量って調整しないと太るという人は、ダイエットの繰り返しでその機能がバグってしまったか、生活習慣に何か問題があると考えた方がよく、衝動的に1食抜くよりも、そちらを見直した方がいいです。

ベジファースト・タンパク質ファーストってどうなんでしょう?

常識的とされるダイエット方法の一つに〝ベジファースト〟があります。野菜→タンパク質→炭水化物の順で食べるというやつ。

病院での管理栄養士の食事指導でも、ベジファーストが勧められています。病院で管理栄養士の食事指導を受ける人って、血圧が高いとか、血糖値がスパイクしてしまうとか、血糖値が普段から高いとか、ＢＭＩが高過ぎるとか、健康状態にイエローランプや赤ランプがクルクル回っているような人なんです。一方、スポーツジムの管理栄養士なら、個々の運動時のパフォーマンス向上における必要栄養素や水分の摂り方、身体を作るためや疲労回復のためのタンパク質の摂り方などの話から始まります。

つまり、自分はベジファーストの必要があるのかを考えた方がいいということです。健康的なイメージがあるという理由だけで、誰も彼もがやる必要があるわけではありません。ベジファーストにする理由は、低カロリーな野菜でお腹を満たす、血糖値の急上昇を防ぐ、という2つ。最初にカロリーが低く食物繊維が豊富な野菜をたくさん食べることで、カロリーがある炭水化物や脂質の食べ過ぎを防ぐということ。「とにかくカロリーが低いものでおなかを満たす」という作戦。そして食物繊維を先に食べることで、「ブドウ糖の吸収を穏やかにして血糖値を上げにくくする」という作戦。

一方、タンパク質ファーストは、タンパク質を先に食べて血糖値を下げるインスリンを先に出させて、血糖値の急上昇を抑えるという作戦。

確かに、野菜をほとんど食べず、揚げ物や肉の食べ過ぎでカロリーオーバーしている人は、野菜を意識して先に食べればカロリーが抑えられてダイエットになります。また、糖尿病か糖尿病予備軍で通常の食事でも血糖値が異常値まで上がる人が、食べ順を変えて正常範囲内に収まったら、ダイエットや痩せる話とは別として、ベジファーストにする意味があります。

炭水化物を最後に食べるといいことばかりというような話を聞きますが、糖質制限やカロリー制限で胃腸の動きが弱ってしまっている人が、野菜ばかりを食べたら、野菜でお腹いっぱいになり炭水化物や脂質が不足してエネルギー不足になる可能性はない？　ご飯を先に食べても血糖値が正常範囲内の人が、ベジファーストにする必要があるのか？　ベジファーストにしたばっかりに、血糖値の上がりが悪くなり食事の満足感が得られず、食後にスイーツなどを食べてしまっている人はいないか？

どうなんでしょう？

太らないようにと野菜をドカ食いして、お腹はいっぱいになるけど全然カロリーが摂れてないという人はいませんか？

ベジファーストのせいで、タンパク質や脂質、炭水化物を食べるところまでたどりつけず、3大栄養素が疎かになってしまっている人はいませんか？

また、食後の血糖値が正常範囲内の人が、ベジファーストで血糖値が上がらなかったら痩せるとでも？　残念ながらそれはない。過剰なカロリー摂取を防ぐ意味において血糖値が安定することは重要だけれども、血糖値が上がらなければ、食事で満足感が得られず食べすぎる結果となります。

血糖値には誤解がたくさん

「血糖値が上がり過ぎるのはよくない＝低いほどよい」と理解するのは誤解です。また「血糖値を急激に上げない＝痩せる」これも誤解です。

異常値まで上がるのは問題ですが、血糖値が正常範囲内では、ある程度上がることはとても大切なことです。なぜなら、血糖値が上がることは食欲を抑える大きな要因だから。

血糖値が上がらないと「エネルギーが足りてないから食べろ」と、脳からの指令で食欲が刺激されることになります。

ベジファーストをしていて食後にスイーツが食べたくなる人は、食べ順のせいで食事時間内に血糖値が上がらず、余計なものを食べてしまって、ベジファーストしているけれど痩せない、という結果になっている可能性があります。

結局痩せる食べる順番なんていうものはなく、〝必要な栄養を摂取できて、総摂取カロリーが抑えられる〟なら好きな順番でいいということです。

カロリーオーバーしてしまいますか？

血糖値は異常に高いですか？

プロテインってどうなんでしょう？

痩せるをテーマにしたとき、ベジファーストと同じくらい話題になるのがプロテイン。

なぜプロテインがそんなに騒がれるかというと、女性にはタンパク質不足の人が多い、タンパク質は食欲抑制や代謝アップに必要不可欠、脂質を抑えつつタンパク質が摂れる、あるいはプロテインをのめばやせると言われているから、などが理由かと思います。

タンパク質は、肉や魚、卵、乳製品、大豆製品などから摂れます。特に肉からはタンパク質を摂りやすいのですが、もれなく脂質がついてくるというデメリットがあります。それがプロテインであれば、ほぼ脂質なくタンパク質を摂ることができます。

肉でタンパク質20gを摂取しようとすると、もれなくついてくる脂質でカロリーが高くなるということを考えます。

それで、プロテインは「飲んだ方がよいか？」「飲んだら痩せるか？」ということですが、まず、飲んだ方がよいかについては、肉や魚などを十分量食べられないとか、タンパク質不足の症状があるという人には、手軽にタンパク質が補えると言えます。

タンパク質不足の症状は、

- すぐにお腹が空く
- 体脂肪率が高い（代謝が低下し脂肪蓄積しやすくなるため）

- むくみやすい
- 疲れやすい
- イライラしやすい
- 肌トラブル（シワ、たるみ）
- 髪トラブル（薄毛、抜け毛、枝毛、切れ毛）
- 集中力の低下
- 筋力の低下（姿勢の悪化）
- 爪トラブル（縦線、割れ、欠け）

これらはタンパク質を増やせば改善する可能性が高いです。
こんな症状に当てはまるなら、ぜひ、タンパク質を少しずつ増やしてみてください。

- 1日体重×1・0〜1・5gのタンパク質
- 朝昼夕の3回に分けて食べる

●肉、魚、卵、乳製品、大豆製品を満遍なく食べる
を意識してタンパク質を補いましょう。

次にプロテインの摂取でやせるのかについて考察

●タンパク質不足の症状がある場合に推奨
●脂質のカロリーが減る
●栄養バランスが整う
●消費カロリーが上がる（活動量が上がる、食事誘発性熱産生が高くなるなど）

確かに痩せそうです。

いいことばかりのようですが、いくらでも飲んでいいというものでもありません。

プロテインは身体にもいいし、痩せるからと、3度の食事もプロテインを飲んで済ますなんてことはありませんように。なぜなら……

大事なタンパク質だけどとりすぎはよくない

タンパク質の適正量は？

タンパク質が適切に摂れるようになると、確かにダイエットは楽になります。

ダイエット中、タンパク質は1日何g摂ればよいか？

何度も言うように、自分の適正量があり、しかもダラダラ過ごす日もあれば、運動する日もあるので、一概に1日何gとは言えません。

厚生労働省のタンパク質摂取推奨量は、成人女性で総摂取カロリーの13〜20%ですが、ダイエット目的なので、少し多めにカロリー全体の20%ぐらいをお勧めします。

タンパク質は総摂取カロリーの15%を下回ると、満腹感が得られず食べ過ぎてしまいます。タンパク質は満腹感に大きく影響します。タンパク質は消化に時間がかかり、満腹感を長く保つことができます。十分な量のタンパク質を摂取しないと、早く空腹感を感じやすくなり、結果的に食べ過ぎや間食へとつながります。適切な量のタンパク質を摂取することで、食欲をコントロールしやすくなります。だからと言ってタンパク質を過剰に摂取するのは問題で、腸内環境を崩し、腎臓に負担をかけます。腸内環境が崩れると、ガスが溜まってお腹が張ったり、便秘、下痢の原因になります。

また、ダイエット中の人には嬉しくない問題があります。ダイエットでミネラルの摂取や吸収が不足しているのに、さらにカルシウムの排出増加による骨密度の低下です。タンパク質を過剰に摂取すると、体内でその分解過程において硫酸塩やリン酸塩などの酸を生成します。これらの酸を中和するために身体はカルシウムを利用し、結果としてカルシウムが骨から溶け出して尿として排出される量が増加します。この過程がカルシウムの損失を引き起こし、長期的には骨密度の低下や骨粗鬆症のリスクを高める可能性があります。毎食タンパク質もしっかり摂ってるうえにプロテインを毎日飲む、間食にはプロテインバーなどタンパク質が豊富な商品を食べるなど、タンパク質の摂り過ぎにも注意が必要です。

痩せる！　理想的な栄養バランスとは

今までこの本を読んできたあなたは、さすがに、もうご飯を食べたら太るなんて思っていませんよね？

ご飯をしっかり食べた方が痩せます。なぜなら、ご飯をちゃんと食べた方が食欲が落ち着く、脂質が減って総摂取カロリーが下がる、代謝が上がって総消費カロリーが上がる、空腹感がなくなるので心身の調子が良くなる（自律神経が整う）からです。

そうは言っても、何度もダイエットを行っては思うようにいかなかった経験から、頭では理解できているけど、「やっぱりご飯は怖い……」と考えてしまうかもしれません。

そんな人のためにおすすめなのは、主食で総摂取カロリーの50％、タンパク質

で20％を摂るようにすることです。人間の身体の組成は、

約60％の水分
約20％のタンパク質
約20％の脂質やミネラル

でしたね。

1～49歳の女性の理想的な栄養バランスについて、厚生労働省の日本人の食事摂取基準2020年版では、

タンパク質（P）　13～20％
脂質（F）　20～30％
炭水化物（C）　50～65％

とされています。

炭水化物を50〜65％摂らないと、脂質やタンパク質で必要なカロリーを補うことになります。

脂質過多ではカロリーオーバー、タンパク質過剰では腸内環境の悪化や腎臓の負担、エネルギー不足、代謝低下、少量なので満足感が低くなるなどの問題が起こります。

炭水化物は米や小麦粉などの主食以外に果物や芋類などもあり、それらも摂取することを考慮して、主食では総摂取カロリーの50％（炭水化物としては60％）を目指します。

総摂取カロリーの50％ってどれくらいかわかりますか？

例えば、総摂取カロリーが1800kcalなら900kcal、ご飯1gでだいたい1・6kcalです。

900÷1・6＝562(g)

茶碗一杯がだいたい150gなので、1日茶碗3杯食べても達成できません。

結構、食べることになります。あとは芋類や果物で補う。

毎食ご飯食べていますか？　多分、意外に多いと感じると思います。こんなに食べてもいいの？　と嬉しくなる人もいるかもしれません。

食事は1食でまとめてではなく、3食に分けて食べることが大切になります。なぜなら、一度に大量に食べると血糖値が急上昇してしまうからです。

「夜の炭水化物は太るから朝昼にまとめて……」なんて考えて、朝昼に大量にご飯を食べてると、血糖値が爆上がりしてしまいます。また夕食で炭水化物を抜くと、睡眠の質が下がります。朝食で炭水化物を抜くとお昼までに低血糖となり、お昼ご飯を食べ過ぎる可能性があります。食べ過ぎてインスリンが大量に放出されると、今度は急激に血糖値が下がり、耐え難い眠気に襲われることになります。栄養バランスを保ちつつ、血糖値を上げ過ぎないためにも、ご飯は3食に分けて食べるようにしましょう。

そして豚バラやベーコンなど脂質が多いおかずは少なめにしましょう。なぜなら、栄養バランスが崩れるし、カロリーオーバーにもなりやすいから。

栄養バランスを保つために意識すべきは、炭水化物ではなく脂質の摂り過ぎです。

脂質は意識しないとすぐ過剰になって、すぐにカロリーオーバーします。

揚げ物は頻繁に食べない（週1程度に）とか、脂質が多い肉（バラ肉、加工肉など）は意識して減らすとか、加工食品の脂質やドレッシングも注意するなどの対策が必要になります。

これくらいでも十分に脂質は抑えられます。

簡単！　アンダーカロリーの作り方

体重や体脂肪を減らすうえでアンダーカロリーは必須です。

ただ減らし方を間違えると間違いなく太るというお話をしました。

アンダーカロリーを作るときに失敗してしまうのは、必死になりすぎて、また、はやくやせたくて、カロリーを急激に減らし過ぎてしまうからです。

いきなりカロリーを減らし過ぎると満足感が得られず、反動で食べ過ぎてリバウンドする可能性が高くなります。まずは現在のカロリーより1日100kcal～170kcalぐらい減らすことから始めて、食事の満足感を下げないことがポイント。なぜ100kcal～170kcalぐらい減らすといいのかというと、一般的には1ヶ月で体重の1～2%を目安に減量することが推奨されるからです。1ヶ月で体重が70kgの人は0・7kg～1・4kg程度、60kgの人は0・6kg～1・2kg程度、50kgの人で0・5kg～1・0kg程度の減量が健康的とされています。1kg痩せるには7200kcalの消費が必要です。

例えば60kgの人なら0・6kg痩せるには

7200×0・6＝4320kcal、4320÷30（日）＝144kcal

1日144kcal減らすことになります。1・2kg減らすなら288kcalですね。急激な減量は栄養不足や健康問題を引き起こすリスクがあるため、適度なペースで体重を減らすことが重要です。

摂取カロリーを減らせば減らすほど、痩せるわけではありません。減らし過ぎは、栄養不足となり代謝も落ちるので、反対に痩せにくくなる可能性があります。痩せないときはカロリーオーバーではなく、カロリー不足を疑ってみましょう。そして、アンダーカロリーを作るときの大事なポイントは、3大栄養素のバランスを崩さないこと。「炭水化物を食べない」「野菜ばかり食べる」などはバランスが崩れます。『タンパク質13〜20％』『脂質20〜30％』『炭水化物50〜65％』です。

そして痩せたあとは、増やし方を間違えないこと。アンダーカロリーから通常カロリーに戻すとき、増やし方を間違えると逆効果になります。食事制限をしている状態から急激にカロリーを増やすと、「血糖値が乱れ食欲が不安定」「腸内環境が崩れて身体がダルい」などの不調がよく見受けられます。増やすときも体調を見ながら、カロリーを増やしていることに身体が気づかない程度の100kcalずつ、増やすように意識してみて。

「アンダーカロリーを作るときは、100kcal〜170kcalダウンさせることから」とお話ししましたが、それくらいならそんなに難しいことではありません。

肉より魚を食べる回数を増やすだけでも、アンダーカロリーを作ることは可能です。豚バラ肉100g「366kcal」に対して鮭100gは「133kcal」なので、233kcalのアンダーカロリー達成です。魚は低脂質、ビタミンDやオメガ3脂肪酸などが豊富、栄養素の面でもメリットがたくさんあります。

豚バラ肉100g「366kcal」に対して豚もも肉100gは「171kcal」なので、195kcalのアンダーカロリー達成です。使う部位を変えるだけで、簡単にアンダーカロリーは可能です。

「揚げる」「炒める」から「煮る」「蒸す」「湯がく」などに変更するだけでもアンダーカロリーは作れます。身体にいいとされるオリーブオイルでさえ、大さじ1杯12gで111kcalあります。米油なら120kcal。同じ食材を使用しても調理方法で、全くカロリー量は変わります。

ベジファーストも考えものという話をしましたが、サラダを食べるとき、マヨネーズ「48kcal／大さじ1」に対して青じそドレッシング「20kcal／大さじ1」と28kcalの差があります。ダイエットのためにサラダを大盛りで食べるとなると、ドレッシングも大さじ1ではすまなくなります。大さじ2をかけるとすると、青じそドレッシングにするだけで56kcalのアンダーカロリー達成です。毎食、同じドレッシングというのもどうかとは思いますが……。

アンダーカロリーを作るとき、飲み物にも注意です。無糖のカフェラテが1杯300mℓくらい？　コーヒーと牛乳1：1の割合でつくったとして、だいたい110kcal、砂糖などを入れると当然さらに増えます。毎日1杯程度、1ヶ月続けると

110kcal×30日＝3300kcal

のカロリー量になります。

体脂肪を1kg減らすには7200kcalの消費が必要でした。たかだかカフェラテ1杯ですが、

1年飲むと3300kcal×12ヶ月＝39600kcal、
39600kcal÷7200＝5・5kg

今までカフェラテを毎日飲んでいた人が、1年間飲むのをやめるだけで他の食事を変えなくても、5・5kg痩せることができますね。

いかがでしょうか。極端な食事や制限をしなくとも、アンダーカロリーは作れます。ダイエット成功のポイントは、日々の習慣をどれだけ良いものに変えられるかにかかっています。継続できないことをやっても意味がありません。ダイエットに必要なのは「痩せる習慣を作る」ことで、根性や努力ではありません。

摂取カロリーを減らして消費カロリーを上げる。つまり、痩せるためには、食欲を抑えて代謝を上げるようにするということ、これはみんな納得ですね。

では、食欲や代謝は努力でどうにかできると思っていますか？　残念ながらそれは無理なんです。なぜなら、食欲も代謝も自律神経とホルモンにコントロールされているから。血圧を努力や我慢で、上げたり下げたりできないのと同じです。もちろん、頑張って食欲を我慢して食事制限をし、努力して運動をすることはできます。でも、死ぬまで我慢ってできますか？　死ぬまで努力しつづけることができます？　期間が限られるからなんとか我慢も努力もすることができます。受験勉強は、試験日が決まっているから、その日まで頑張れるけれど、死ぬまで受験勉強をやるなんてできないでしょ？　それと同じです。習慣なら、多少サボる日があっても死ぬまでできます。

どうか自分に合った良い習慣を見つけて、ゆっくりゆっくり、「痩せたい」「綺麗になりたい」「健康になりたい」を叶えて下さい。

ダイエットに役立つ調理器具

健康に敏感な人には、嫌われているフッ素樹脂加工のフライパン。嫌われる理由は、高温で加熱すると放出される有毒物質で健康に悪影響を及ぼす、また、高温での使用や金属ヘラなどで表面が傷つくとさらに有害物質が放出される心配があるから。フッ素加工フライパンを空焚きして、部屋で飼っていた鳥が死んだ、鳥が死ぬほど危険だ、という話もあります。フッ素加工フライパンが約260℃

以上に加熱されると、フルオロポリマー煙（有害なガス）がでる可能性がありま す。確かにこのガスは有害で「テフロンフィーバー」と呼ばれる症状（頭痛、発熱、悪寒など）を引き起こすことが報告されています。しかし、てんぷらや、フライなど家庭内での揚げ物料理や炒め物で用いられる温度は一般的には170〜180℃が適温とされています。危険なガスが発生する温度ではありません。また過去には、フッ素加工製品の耐熱性を上げるために製造過程でペルフルオロオクタン酸（PFOA）という物質が使用されていました。PFOAは癌や甲状腺疾患などの健康問題と関連付けられています。ただ、多くのメーカーは現在、PFOAフリーの製品を生産しています。

フライパンに傷がつくと有毒ガスの心配がある。じゃあいつ、買い替えますか？ フッ素加工フライパンの耐久年数は、どれくらいでしょうか？ 一般的には、適切に使用・管理された場合、フッ素加工フライパンは数年間（日本語はややこしいな。通常、数年間というと、3〜6年くらいを漠然というらしい）は持つとされていますが、日常的に使用する使用頻度が多いとフライパンの摩耗が早く進むし、高温での調理はフッ素コーティングの劣化を早め、特に、空焚きは避けるべきです。硬いスポンジや金属製の調理器具の使用は、コーティングを傷つけてしまいます。いずれにしろ、コーティングに目に見える傷や剥がれがある場合、フライパンが均等に加熱されなくなった場合は、新しいものに交換するのがいいでしょう。フッ素加工フライパンはそんなに高額商品ではないので、買い替えもそんなに負担にならないと考えられます。

ダイエットは小さなカロリーOFFの積み重ねです。フッ素樹脂加工フライパンの使い方を間違わなければ、ダイエットには強い味方です。フッ素樹脂加工のフライパンを使えばごく少量の油で料理することができます。有毒ガスの心配がない鉄やステンレスのフライパンは、くっつかせないため、焦がさないために、油も多めに必要ですし、調理の上手さも、重いフライパンを持って調理する腕力も必要です。ベーコンエッグをつくるときでさえ、油が必要で、どうしても油の量が多くなってしまいます。フッ素樹脂加工フライパンなら、ベーコンの脂のみで調理ができ、新たに油の追加がいりません。

電子レンジやIHクッキングヒーターも危険だとインターネットやメディアで取り上げられることがあります。電子レンジのマイクロ波やIHクッキングヒーターの電磁波が身体に悪いというもの。

電子レンジで加熱すると食品の栄養価が低下する可能性があると指摘されていますが、加熱方法による栄養価の変化は、洗っても、炒めても、茹でても、蒸しても、一般的な調理方法でも見られ、実際には、電子レンジでの調理が最も栄養素を保持する方法の一つであるとも言われています。1980年代に、ソビエト連邦（現ロシア）が危険だからと電子レンジの使用を禁止したという話がありま す。これは都市伝説の可能性が高いようです。実際には、現代のロシアを含む多くの国々で電子レンジは広く使用されています（笑）。

電子レンジは食品を加熱する際に使用するマイクロ波が外部に漏れないように厳密に制御されており、使用中に機器のドアがしっかり閉まっていれば、外部にマイクロ波が漏れる心配はありません。

次にＩＨクッキングヒーターですが、これが危険と言われる理由は、ＩＨクッキングヒーターが発生させる電磁場（ＥＭＦ）に関する懸念です。しかし、科学的研究では、ＩＨクッキングヒーターから発生する電磁場の影響は非常に小さいか、無視できると結論付けています。

電子レンジやＩＨクッキングヒーターを含む現代の調理器具は、適切に使用しメーカーの安全指示に従えば、日常生活で安全に利用できると考えられます。

やはり、身体にいいものを食べる、とか、ダイエットを目指すなら、毎日とは言わないまでも、ウチで調理する方が、カロリーも低くできるし、添加物も避けられるし、安上がりだし。ダイエットや、栄養不足で、体調が良くない。でも、良くなるためにきちんと食べようとしているなら、無理をして、重い調理器具や、手入れが面倒な調理器具なんて使わないでいいと思います。時間もそんなにかけれないと思います。便利な調理器具をつかって、なるべく楽に調理して、ゆっくり落ち着いてよく噛んで食べることが最優先です。

マジで難しいよサプリメント

今までのお話の中で、ビタミンだのミネラルだの言ってきました。ビタミンやミネラルというと、外せないのがサプリメントのお話です。

サプリメントは、
サプリメントはね〜、
サプリメントはマジで難しい〜。

「口内炎といえばビタミンBよね？」
「シミにはビタミンC」
「忙しい時には栄養ドリンク」

などと、よく聞くと思います。

病院やクリニックでしか買えないドクターズサプリから、薬屋さん、100均まで、周りを見渡せば数えきれないほどのサプリメントが売られています。本当に自分に合ったもの、必要なものはどうやって探せばいいのか？　大切なことは、こころと身体の健康を保つ栄養素を食べ物からきちんと摂取することです。なぜなら、栄養素はチームワークで働くから。ビタミンBだけの食べ物、ビタミンCだけの食べ物などありません。サプリメントは食事の置き換えにはなりません。サプリメントからは、自分に足りないものだけを必要な量だけ摂取する必要があります。そこを間違えると、身体に害になる可能性だってあります。サプリメントを選ぶには、選ぶ理由となる信頼できる客観的根拠が必要です。身体は食べたものでできています。食べたものから血液が作られます。病院で血液検査や診察を受けて、医師に相談して購入するサプリメントを決める必要があります。

身近なサプリメントと言えばビタミンCなどのビタミン剤や鉄などのミネラル？　ビタミンとミネラルは性質が全然違って、ビタミンを効かせるには量の調節が必要だし、ミネラルは、体内でいかに吸収して利用させるかが問題で量をたくさん取ればいいと言うものではありません。じゃあ、どれだけの量が必要なのか、どうやったら体内での吸収量を増やせるのか？　ここがうまくいかないと、「サプリメント、飲んでみたけどね……」となります。

あまり体調に変化がないなら害がないだけマシかもしれません。体調が悪くなったりすることもあり、サプリメントが怪しがられたり、悪者にされたりします。

そして個人差。ダイエットがうまく行くも行かないも個人差でしたね。サプリメントも個人差があります。あの人にうまく効果が出たサプリメントがあなたにも効果があるとは言えないのです。あの人に必要な種類と量とあなたに必要な種類と量が違うから。サプリメントはメガネみたいなもので、たまたま、人のメガネが合うこともありますが、人のメガネなんて合わないのが普通です。視力も、目の離れ具合も、耳までの長さもみんな違う。そもそも顔が違う。これいいと思うメガネフレームもかけてみると、全然似合わないなんてよくありますね。

この本を読んでいるあなたは、ビタミンCといえば美白狙いですか？　ビタミンCは、血中濃度を1とすれば、胃には7倍、脳には20倍、白血球には80倍、ストレスと戦う副腎（コルチゾールを作る所でしたね）には150倍あると言われています。たくさんあるところは、たくさん消費するからです。同じ量のビタミンCを摂取しても、ストレスが多くて副腎を酷使していたり、細菌感染して白血球が増加していれば、お肌なんて後回し。副腎や白血球に使われてしまいます。

ビタミンCがお肌に効くかどうかは、その人次第、が答えです。美白目的で行われる白玉点滴、聞いたことがありますか？　白玉点滴の成分はグルタチオンです。グルタチオンはグルタミン酸、システイン、グリシンからできる、アミノ酸複合体です。グルタチオンは肝臓でたくさん作られ身体中に存在しています。そう、わざわざ点滴しなくても栄養が整っていれば、体内で作ることができます。グルタチオンの役目は体内の抗酸化。肝臓で作られるので、肝臓が弱っていると不足します。偏った食事で肝臓が弱っていると、白玉点滴をしても肝臓に持って行かれ、抗酸化に使われ、思うように、お顔の美白ができないかもしれません。お顔の美白まで辿り着かなくても、体内では抗酸化効果はあるので、無駄にはならないです。

美容続きでコラーゲンのお話も。

プルプルツヤツヤお肌にしたくて摂取したコラーゲン、そのままお肌に効果が出ることはありません。なぜなら、コラーゲンはタンパク質だから。せっかくたくさん食べたコラーゲンは、胃酸や消化酵素により分解されてアミノ酸になります。一度バラバラにされて、また、コラーゲンに組み立ててくれるかと言えば、そんなうまい具合には行きません。ピーマンは青椒肉絲の材料になるけど、ピーマンの肉詰めの材料にもなりますね。それと同じ。一部はコラーゲンを作る材料になるかもわかりませんが、全部がコラーゲンになるわけではありません。最近、コラーゲンの構成アミノ酸のひとつがコラーゲンの生成を促進するとも言われていますが、これが正しい情報であるとしても、どれくらい促進するかわかりません。また、コラーゲンはお肌にだけある物ではありません。身体中、いろんなところにコラーゲンです。骨も歯茎も関節の軟骨や骨、血管の壁などでも重要な役割を果たしています。気づきましたか？　歯茎もコラーゲンなので、歯磨きを頑張るだけでは歯周病は治りません。若いから歯周病にならない、ってことはないです。材料が不足するとなります。

コラーゲンは身体のさまざまな部位で支持と構造を提供しているので、健康な組織の維持に不可欠です。体内でコラーゲンが不足すると、組織の維持ができません。コラーゲンは、必要性があるところから分配されてしまいます。お肌が多少荒れても、滑らかでなくても命には関わりません。歯茎も出血はするけれど、命に関わるまで数年かかります。ところが、体内にコラーゲンが不足している状態では、命にかかわるのでそちらにもっていかれます。体内にコラーゲンが溢れていないと、お肌には届かないのです。だからコラーゲンを摂った次の日にプルプルのお肌になることはありえません。お肌は若い人で1ヶ月かけてターンオーバーします。ある日、いきなり、コラーゲンをたくさん食べるより、良質のタンパク質が身体中に満たされるように、毎日毎日、お肉や魚から摂った方が確実です。

またサプリメントはどこの会社も良心的に製造しているとも言い切れないそうです。添加物の使用なしでサプリメントは製造できません。不味いものや飲みにくいものを飲みやすくするためには甘味量、日持ちをよくするためには保存料、増量剤や、形成のためには賦形剤など、様々な添加物が使われています。そして賦形剤によく使われているといわれる〝乳糖〟があります。この乳糖、日本人に多い〝乳糖不耐性〟の人が摂取するとお腹の調子が悪くなるし、乳製品にアレルギーのある人にはアレルギーの原因になります。賦形剤でガチガチに固められていると、胃で溶けていないということもあります。溶けないと意味がないですね。粒が賦形剤でかためられて、溶けないなら、ドリンクはどうか？　ドリンクにすると、甘味料がたくさん必要になります。飲めば効きそうな感じのフレーバー（香料）もつけられています。栄養ドリンクを飲むと疲れも吹っ飛びシャキーンとなりますが、シャキーンとなるのは栄養ドリンクに含まれるカフェインと糖分のおかげです。糖分摂取で急激に血糖値が上がり、カフェインでいっとき、疲労が取れたように思うからです。急に上がった血糖値にインスリンが慌てて放出され、血糖値が下がると、再び疲れたーってなります。血糖値が下がった頃に仕事が終わると、疲れがでているけれども、充実感や達成感で栄養ドリンク効いたねーってなるし、終わらないと、この栄養ドリンク、効かないねーって、なります。

ここぞというときには生薬やローヤルゼリーが入った高い栄養ドリンクにたよりたくなるかもしれません。生薬は続けて飲んでこそ効果がでるもの、ローヤルゼリーはタンパク質、炭水化物、脂質、アミノ酸やビタミンミネラルが含まれていますが、これも一回飲んだだけでは微量なのであまり効果はなく、続けて飲んでこそ、です。三大栄養素にビタミン、ミネラルなら、食事を整えた方が、栄養ドリンク1本に含まれる量よりはるかにたくさんの量が取れます。

生薬やローヤルゼリーが含まれている栄養ドリンクは結構値段が高い。糖分も結構含まれる。ちょくちょくたよるとなると、糖分の摂りすぎで糖化ストレスのことも気になってきます。ご飯やお菓子の糖分を控えてダイエットを頑張っていたとしても、厳しいアンダーカロリーにしていると血糖値の維持ができず、またエネルギーも足りず、力を出すことができない。そんなとき、摂取不足であることを忘れて、栄養ドリンクを飲まなきゃ、っておもってしまうかもしれません。忙しい日常ならなおさらです。

糖化ストレスは糖分のとり過ぎで余った糖とタンパク質がくっついてできた糖化産物AGE（Advanced Glycation End Products の略）で、血管や細胞を傷つけます。肥満や糖尿病、神経障害など、様々な症状の引き金になります。AGE、ageって書いた方がわかりやすいですか？〝年〟とか〝老齢〟って意味がある単語です。糖化は老化。わざわざお金を出してパワーアップと飲んだ栄養ドリンクで、逆に不健康、老化……。あれれ？　です。栄養ドリンクの元気の源はカフェインと糖分なので、栄養ドリンクではなくても甘くしたコーヒーや紅茶でいいし、1日何杯も甘いコーヒーや紅茶（ブラックコーヒーや紅茶と甘いお菓子のセットも同じです）が必要なら、その仕事が自分のキャパを越えていないかの見直し、食事の見直しが必要です。栄養ドリンク好きが全員と言うわけではありませんが、忙しいからと食事を抜いていたり、食べていても単品だったり、食事が残念になっていることが多いと思います。

天然と合成はどちらがいいの？

サプリメントは天然がいいのか合成がいいのかも気になります。普通は合成より天然がいいように思いますね。天然は濃度を濃くできません。「一粒に

1000mgの天然ビタミンC」なんていうパッケージ、見たことがあります。

食品成分表を見てみてください。例えばアセロラ。アセロラはビタミンC含有量がダントツと言われています。アセロラ(酸味種)生で可食部100g中にビタミンC含有量は1700mg、1000mgのビタミンCを摂るためにはだいたい60gのアセロラが必要になります。サプリメントを作るには添加物が必要でした。ということはアセロラ60gにプラス添加物の重さ。そんな大きな錠剤、見たことありますか? 500円玉9枚が65gぐらいになります。500円玉9枚の錠剤……。飲める人がいたらテレビに出れます。サプリメント錠剤は、1粒、大きい物でも1・2gぐらいらしいです。ビタミンC含有量がダントツの天然のアセロラから、1000mgの天然ビタミンCを一粒1・2gのサプリメント錠剤に入れることは不可能です。

サプリメントの製造にあたっては、〝原材料の価格〟が大きな割合を占めるそうです。天然物は原材料価格も高くなるので、天然であることと値段が安いことを両立することは不可能なことがわかります。

では合成ものはどうか。合成原料は天然原料より安く高濃度に作れますが、合成過程で不純物（よく似たもの）も出てくるでしょう。含まれる化学式は同じでも化学構造が違う。イメージで言うと、デートに行ったら双子の彼氏ではない方が待ってた感じ。一卵性の双子なら、生物学的には同じだけど、あなたの彼氏とは違いますね。この不純物は精製を繰り返して取り除いていくそうですが、その精製にはコストがかかることは想像ができます。何回やって、どこまで精製しているのかまでは、私たちにはわからないことです。天然でも合成でもちゃんと製造されているとコストがかかっているということがわかります。そんなサプリメント、ちゃんと作られたら、どんな価格が適正か？　それは業界の人くらいしかわかりませんよ。一般の私たちにはわかるわけありません。

サプリメントのお話のついでに〝トクホ〟のお話も。

「特定保健用食品」を〝トクホ〟といいます。一定の効果を表示して売られている健康食品です。消費者庁が認可しています。でもよくみてください。〝トクホ〟は食品なんです。症状の改善を目指すなら、目的を持って臨床実験したあとに販売される医薬品の方が、食品のトクホより効果があります。自分大事、自分ラブならトクホで誤魔化さないで、病院に行きましょう。自分で選んだ、あるいは人に薦められた、あの人が飲んでた、サプリメントやトクホで、問題がおきているのか、何が問題で不調なのかわかりませんが、病院なら、問題が起きると原因探求してくれます。

食べ物には色々な栄養素が含まれています。含まれている栄養素はお互いの働きを助け、効果が出やすいようになっています。自然はうまい具合になっているんです。専門家のアドバイスなしに特定の栄養素をたくさん摂取することは、自分で病気や不調を作ってしまう可能性があります。

例えばカルシウム。カルシウムは体内で一番多いミネラルです。普段は骨に蓄えられ、血中カルシウムが不足すると骨からカルシウムが放出されるので、カルシウムは血液検査でも、あまり値が動きません。では血中カルシウムが不足しないように、骨から放出しなくていいように、カルシウムサプリメントをたっぷり取ればいいか？　骨粗鬆症や不整脈、糖尿病は血中カルシウム不足で現れる症状ですが、このカルシウムが不安定になる理由はマグネシウムの不足です。カルシウムでなく、マグネシウムを摂らないといけない。カルシウムを効かせるためには、カルシウムサプリメントを単独で大量に取らないことです。一つの栄養素を多量に摂るより、必須（複数）の栄養素で身体を満たしていくことが大切です。総合的な栄養素が十分に足りていない状態で、特定の栄養素を含むサプリメントを摂取すると、そのサプリメントの影響で、足りないものがますます不足したり、偏った箇所だけ活性化したりして総合的には活性化していないから結局、不調になってしまいます。

たとえば、野球チーム、チーム1人1人の実力がまだまだな時、大リーガーが1人、チームに入れば、そのチームは勝てるようになりますか？　打って、投げて、守って、って1人ではできないですよね。もし勝てたとしても、周りは、大リーガー1人を評価し褒め称え、あとのチームの人たちのことを何もふれなかったら、チームの人たちは面白くないですよね？　結局、チームとしていいことがない。負けてもいいから、チーム1人1人、実力をつけるよう努力して、お互いを頼りにできると実感できるチームの方が、結局、いいチームではないでしょうか。サプリメントを摂取して栄養素一つ（あるいは何個か）を特別高濃度にして、一時的によくなったとしても、結局、良くなるどころか、体調不良の原因になってしまいます。

お化粧する時を思い出してください。

まつ毛だけ盛り盛りにしても、目が小さく見えてしまいますね。眉毛だけ盛り盛りにしたら歴史の教科書に出てくる西郷隆盛、口紅だけ盛り盛りにしたら唇お化け。ニキビや肌荒れがなく、お肌の調子がいいことが前提で、お肌の色や眉の色、眉の太さ長さ、リップの色、チークの色、チークの入れ方やら、まつ毛の量やら長さやら、パーツのチームワークが上手く行ったとき、別人級に可愛く、綺麗になりますね。身体の中も栄養素のチームワークなんです。

必要な時に、必要なものを、必要なだけ

また、何より、サプリメントについて考えるとき、一番大事なことがあります。

それは、なぜその栄養素が不足したのかということ。サプリメントにはすごい量

の栄養素がぎゅっと詰め込まれています。力技で改善して、一時的に〝効いた〟と体感できたとしても、不足した原因がわからなければ、サプリメントをやめると元の状態になり、またサプリメントが必要になるか、効いたと誤解している間に症状がすすんでしまいサプリメントでは太刀打ちできなくなってしまいます。サプリメントは必要不可欠ではなく、目指すところはサプリメントがいらない身体です。

飛び道具として使うといいかなと思えるサプリメントは、消化酵素とアミノ酸、ビタミンC、マグネシウムかと思います。

あれ、鉄欠女子が多いと言ってなかった？　鉄欠女子こそ、鉄のサプリメントではないの？　身体の中で、鉄はいろいろなところに登場し、なくてはならないものです。しかし、腸内細菌の悪い方の細菌も鉄を欲しがっています。不用意にサプリメントですごい量の鉄を入れてしまうと、細菌も増えてしまい腸内細菌のバランスを壊してしまいます。鉄は多くても少なくてもダメで扱いがとても難しいミネラルです。鉄は食べ物から、ちびちびと摂取です。タンパク質といっしょに摂取して、悪い細菌に気づかれないように、ちびちびと貯めていきましょう。

鉄が多い食べ物は、レバー、アボガド、小松菜、水菜、ニラ、よもぎ、ブロッコリー、枝豆、サバ缶、ツナ缶、アサリ、納豆、牛肉、卵、豆乳、ごま、アマランサスなど。意外にたくさんありますよ。ネットで調べれば、これ以外にもたくさんでてきます。ちなみに、お母さん世代の人は、ひじきに鉄が多いと育ちませんでしたか？　いまは、ひじきに鉄を期待することはできません。

むかしは、ひじきを鉄鍋で作っていました。その鉄鍋の鉄をひじきが吸収していたのでひじきに鉄が多いと言われていましたが、いまは、衛生面から、鍋はステンレスになっています。

もう一度いいます。サプリメントの目指すところは、サプリメントがいらないこころと身体です。サプリメントで応急処置をしながら、サプリメントがいらなくなることが目標です。

じゃあ、どうすればいいか？

ここまで読んでいただいたあなたなら、もう、わかりますね。言ってみてください。「まず、ちゃんと食べる」

はい、正解でーす。

おわりに

あなたのまわりには、あなたの元気を阻む人がいます。

あなたのことをやっつけたい人だけでなく、あなたのことが大好きな人にもいます。それは、家族だったり、友達だったり。

あなたのことが大好きな人のことは、きっとあなたも大好きでしょう。「あなたのことを思って」と言ってくる人、あなたに嫌われたくないから、いつも、肯定的に対応してくれる人。いずれも、悪気なく、でも無責任に、自分の感情や自分の想いで、あなたの元気にストップをかけてきます。

あなたが、今、健康的であるにもかかわらず、痩せていることこそが可愛い、綺麗と、自分の基準で、痩せることを煽り、あなたはその言葉に応えようと、痩せるように頑張ります。ダイエットを頑張っているあなたのためにと、痩せる食べ物やらカロリーの減らし方など、ネット情報や人から聞いた話を、なんの検証もしないまま、アドバイスしてきます。あなたは、そのアドバイスをありがたく受け入れ、頑張ります。そして、なんとなく不調が始まります。

歯科クリニックで歯磨きの方法を教えられ、一生懸命、歯磨きをしていると、しっかり歯磨きをしない人が「そんなに長く歯磨きをするなんて聞いたことがない」とせっかくの丁寧な歯磨きにストップをかけてきます。口は生きる入り口なのに。

はじめに、で、わたしは「元気になりたいのは、きれいになりたいのは、目的ではない、やりたいことがその先にあるからだ」と話しました。

でも、「やりたいことある？」と聞かれて、明確にやりたいことがあると言う人よりそんなこと急に言われても……、あるいは、特にない、と答える人がほとんどでないかと思います。でも、いま、やりたいことが見えない人でも、せっかく、やりたいことができたのに、体調不良で、やりたいことができないなんて受け入れられますか？　やりたいことに使いたいお金を、体調不良改善に使いますか？

あなたのこころと身体は、あなたとずっと一緒にいます。

あなたが病気になっても、誰も代わってはくれません。
何が起きても、あなたは自分のこころと身体からは逃げられないのです。
どうか、自分のこころと身体をきちんとみることができる人になってください。
短期間ではできませんが、簡単でもありませんが、きっと、できるようになります。
みんなが元気で、はつらつとした綺麗を手に入れてくれると嬉しいです。
最後まで読んでくれて、ありがとうございます。
がんばってね。

【参考文献】『マンガでわかる自律神経が整う5つの習慣』（小林弘幸著／宝島社）、『代謝がすべて』（池谷敏郎著／KADOKAWA）、『マンガで教えて安保教授！　病気にならない免疫学』（安保徹著／マキノ出版）、『サプリメントの正体』（田村忠司著／東洋経済新報社）、『あなたのサプリが効かない理由』（宮澤賢史著／イースト・プレス）、『全ての病気は「口の中」から！』（森永宏喜著／さくら舎）、『舌は下でなく上に』（宗廣素徳著／文芸社）、『ワースト添加物』（中戸川貢著／ユサブル）、『八訂食品成分表』（香川明夫監修／女子栄養大学出版部）、『カラー図解　栄養学の基本がわかる事典』（川島由起子著／西東社）、『日本人の食事摂取基準（2020年版）』（厚生労働省）

〈著者紹介〉
加地明代（かじ あきよ）
大阪府生まれ。徳島大学医学部栄養学科、鹿児島大学歯学部卒。高校時代、知人の通院に同行し、食事の大切さと素晴らしさに気づき管理栄養士の道に進む。しかし、口腔内の問題で食べる喜びを失ってしまった人々に出会い、栄養バランスが整った食事でも、おいしく食べられなければ意味を失うことに気づき歯科医師に。口腔は、身体と切り離せない関係にあり、生きるための「大切な入口」であることを伝えるために活動中。愛媛県在住。

こころと身体《からだ》をこわさない
幸《しあわ》せダイエット

2024年5月10日　第1刷発行

著　者　　加地明代
発行人　　久保田貴幸

発行元　　株式会社 幻冬舎メディアコンサルティング
〒151-0051　東京都渋谷区千駄ヶ谷4-9-7
電話　03-5411-6440（編集）

発売元　　株式会社 幻冬舎
〒151-0051　東京都渋谷区千駄ヶ谷4-9-7
電話　03-5411-6222（営業）

印刷・製本　中央精版印刷株式会社
装　丁　　弓田和則

検印廃止

Printed in Japan
ISBN 978-4-344-69065-3 C0095
幻冬舎メディアコンサルティングＨＰ
https://www.gentosha-mc.com/